はじめに――これまでと、これからも

茜色に染まった夕陽を浴びながら、私は家の近くの神社に足を運んでいました。高校を卒業して間もなく、思ってもいなかった映画界入りの誘いに、決断を迫られていたのです。お参りすることで、何か自分の中のもやもやが吹っ切れる気がしたからです。

娘時代、映画というものには全く興味がなく、ほとんど観る機会がありませんでした。楽しみは学校の友人たちと宝塚歌劇の舞台を観ることでした。華やかな空間は夢のように美しく、憧れのようなものを感じていましたが、自分があの場所に立ちたいと思ったことなどありませんでした。

そんな私が男性映画中心の東映に入社することになったわけですから、何もかも毎日が驚きの連続でした。半年近くの俳優座養成所での勉強を終えると、間もなく次々と作品を与えられ、入社してわずか二年で十六本の映画に出演。また翌年も十六本。訳もわからず、急行列車に乗せられたように走り続けました。けれどそのうち、徐々に私の中で、役者として生きる意思が泉のようにこんこんと湧き出てくるのを感じていました。

ちょうどそのころに読んで感銘を受けた富島健夫さんの著書『雪の記憶』をどうしても映画化したいと、東映の大川博社長に直訴しました。二年がかりでその思いが叶えられ『故郷は緑なりき』という作品が生まれました。その映画こそが、女優としての道を歩き始めた起点だったと思います。

あのときから女優としての人生に没頭するようになりました。二十四歳でしたから、もう六十年以上も昔になります。その後も映画『五番町夕霧楼《ごばんちょうゆうぎりろう》』、舞台『唐人《とうじん》お吉《きち》』、テレビのNHK大河ドラマ『おんな太閤記《たいこうき》』など数多くの素晴らしい作品に出演する機会に恵まれました。ひとえに私を支えてくださったスタッフ、共演者、友人たちの助言があったからこそ、私はこの道を歩んで来られたのだと感謝しています。

しかしその道のりは、決して平坦ではありませんでした。山あり谷あり、私の人生は紆余曲折《うよきょくせつ》の連続でした。離婚もしました。人の裏切りにも遭いました。仕事に追われる日々でしたが、どんな時も二人の子どもの存在がまさに私の命そのものであり、私の生きる全てでした。

これまでも「著書を出しませんか」というお話を再三いただきましたが、忙しくて余裕がなかったのと、過去を振り返るにはまだ早いという思いがありました。何より身辺を語るのは面映《おもは》ゆいような気がしたので、その都度お断わりしてきました。ところが、気が付けば八十五歳。亡くなってしまった尊敬する先輩や仲間のこと、出演してきた作品の思い出なども、書き残しておこうかなと思い立ったのです。

それともう一つ、この本を出版することで、同じ時代を生きてきた方々と、これまでいろいろあった人生をともに喜び合い、そして「これからも健やかに過ごしましょうね」と励まし合えたらと考えたからです。

この先も日常生活の中で嫌なことや辛いことはあるかもしれませんが、そんな思いは早く解消し鬱積しないように心豊かに過ごしていきたいと思っています。心も身体も元気でいるために、私なりに心がけていることもありますので、お伝えできたらと思っています。

お手にとっていただけましたら幸せです。

佐久間良子

さくま・よしこ

一九三九(昭和十四)年二月二十四日東京生まれ。私立川村高等学校卒。
第四期ニューフェイスとして東映に入社し、
一九五八年に『美しき姉妹の物語・悶える早春』で映画デビュー。
以後、『人生劇場　飛車角』『五番町夕霧楼』『越後つついし親不知』『愛欲』
『湖の琴』『病院坂の首縊りの家』『細雪』など百四十本以上の映画に出演。
舞台『唐人お吉』『桜の園』『細雪』『鹿鳴館』などでも活躍。
一九八一年『おんな太閤記』で
NHK大河ドラマ史上初めての単独女性主演を果たした。
『唐人お吉』で一九八三年に菊田一夫演劇大賞、
一九九五年に文化庁芸術祭賞を受賞。二〇一二年に旭日小綬章を受章。
プライベートでは、一九七〇年に俳優の故・平幹二朗さんと結婚し、
一九七四年に双子の男女を出産。
一九七七年には書道で日展に入選。本作が初著作となる。

ふりかえれば日々良日　もくじ

装丁　アルビレオ

エミー賞授賞式に招かれて

雲ひとつなく晴れ渡ったロサンゼルスに、私はいました。二〇二四年九月十五日。ピーコックシアターで夕方から開かれる、第七十六回エミー賞の授賞式に参加するためです。

会場に入ると、こんなにたくさん取材が入っているのかと驚くほどのテレビカメラが並んでいます。目の前をメリル・ストリープが通り過ぎたり、あちらではジョディ・フォスターやキャシー・ベイツが談笑していたり。本当に華やかなお祭りです。

エミー賞は、アメリカで放送されたテレビ番組やテレビドラマを表彰する賞です。エンターテインメントの世界では、映画のアカデミー賞、演劇のトニー賞、音楽のグラミー賞と並んで、最も権威のある賞です。

真田広之さんが製作から関わって主演もなさったディズニープラス製作の時代劇

『SHOGUN 将軍』が、作品賞はじめ史上最多の十八部門で受賞する快挙を成し遂げたことは、大きく報じられた通りです。主演男優賞で真田さんの名前が呼ばれたとき、満場の客席から劇場が割れんばかりの拍手が湧き起こりました。そしてスタンディングオベーション。

私も同席した日本人として、言葉に表せないくらい感動しました。「おめでとう！」と真田さんに声をかけて握手をして、彼の雷のような力強さと自信に溢れた大きさを感じました。

なぜ私があの場に居合わせたかというと、息子の平岳大《ひらたけひろ》がこのドラマで助演男優賞にノミネートされていたからです。岳大も、同じ賞にノミネートされて受賞が有力視された浅野忠信さんも、残念ながら最優秀には選ばれませんでしたが、ノミネートだけでも大変名誉なことです。岳大にとって、いっそう大きな励みになることでしょう。

エミー賞の授賞式で、ノミネートされた俳優は一人だけゲストを同伴できるそうです。岳大は私を招いてくれて、岳大の妻と子どもは家族席にいました。私は彼女に

「あなたが一緒に行きなさい」と勧めたのですが、岳大は「おかん、出席してくれ」と言い張りますし、彼女も「いや、お母さんが楽しんでください」と譲ってくれたので、ありがたくお受けすることにしたのです。

私も長く映画に携わってきましたから、せっかくの祭典を近くで見せてあげようという心遣いもあったのでしょう。母親として、大変幸せな思いをさせてもらいました。授賞式が終わると、岳大夫婦はお祝いのパーティを二つ掛け持ち。私は車で四十分くらいかかるホテルへ一人で帰って、ロビーラウンジでワインを飲みながら、授賞式の様子を報じるテレビを見ていました。しみじみと余韻を反芻《はんすう》するその時間もまた思い出深く、楽しいひとときになりました。

岳大から電話があって出席してほしいと言われたとき、「ああ、この子も大きくなったんだな。大人になっただけでなく、役者としてもアメリカで認められるくらいに成長したんだわ」と、感慨深い気持ちになりました。人生、ここまで来たかと振り返っていいタイミングが、私にも訪れたのかもしれません。

これが私の一日

なるべく外へ出る。なるべく誰かと話す。よく食べ（でも食べ過ぎず）、お酒はたしなむ程度（私なりに）、適度に運動して、よく眠る。書き出せば、ごく当たり前のことばかりですが、そんなふうに心がけて、独り暮らしの毎日を過ごしています。

朝はだいたい六時半に起きます。コップ一杯のお水をゆっくり飲み、自己流の簡単な体操をしてから、トレーニングウエアに着替えて帽子をかぶって運動靴を履き、家の隣りにある駒沢公園へ出かけます。私は引っ越しをするとき、近くに大きな公園があることを条件のひとつにしているのです。

なるべく大股で速足を心がけながら、四十分ほどかけて一周します。のんびり散歩というよりは、ウォーキングに近いかもしれません。

大きな公園ですから、広場があったり、木々が繁っていたり、花壇があったり。季節がうつろうごとに、青葉を広げ、そして落ち葉を散らしていく木々を見上げ、時期によって異なる花々を見下ろすのが楽しいひとときです。春は沈丁花《じんちょうげ》、秋なら金木犀《きんもくせい》の甘い香りが漂う空気の中を歩いていくと、それだけで爽やかな気分になります。

近くに大学があるので、体育会系の学生さんが隊列を組んでランニングしていたり、ダイエットのためか、黒装束に身を包んだ若い女性がジョギングしていたりします。お年寄りの夫婦が仲良く手を繋いで散歩する姿や、赤ちゃんをベビーカーに乗せている若いご夫婦の様子には、微笑ましくなります。

「こっちも赤ちゃんかしら」と別のベビーカーを覗き込んだら子犬が三匹乗っていて、吹き出してしまったこともあります。人の暮らし、人生というものはさまざまだなと感じながら朝の光の中に身を置くのは、とても落ち着く時間です。

と言いながら、寒い朝などはサボることもあります。「行かなくちゃ！」と思って義務みたいに感じると楽しくなくなるし、一日休んだら「もう、いいや」と投げやりになりがちです。別にサボってもいいと構えていれば、今日休んでも明日は気分を新たに出て行けるのです。

朝食には山盛りのキャベツを欠かさない

公園から帰って来たら、スムージーを作ります。小松菜、ケール、ニンジン、リンゴ、バナナをほんの少しと豆乳を入れて、ミキサーにかけるだけ。マグカップ一杯くらいの量になったそれを飲みつつ、少し落ち着いたら朝食の支度です。

キャベツが好きなので毎朝、山盛り一杯食べます。秋田に知り合いの農家さんがいて採り立てを送ってくださるのが、柔らかくてとても美味しいのです。生のまま千切りで、おソースをかけて食べることが多かったのですが、近ごろのブームはカンタン酢です。お酢に出汁や塩味がついていて、どのスーパーにも売っています。これにマヨネーズを少し混ぜてかけると、さらにいいお味になります。キャベツは胃腸のもなりますね。私は元来、胃が弱いほうなのです。

あとは簡単に、干物を焼いて、お味噌汁を作って、ほうれん草のお浸しとワカメの酢の物くらい。ただしお味噌汁は、必ず具だくさんにします。たとえば今朝は、お豆腐、なめこ、エノキを入れられるだけ入れました。お味噌は、広島の府中市という場所で作っている府中味噌が好きで、取り寄せて使っています。これは合わせ味噌にしても美味しいです。卵はたくさん食べたほうがいいと聞いたので、目玉焼きにして、キャベツと一緒にいただく日もあります。

最近のお気に入りは、トマトチーズトーストです。トーストにバターを薄く塗って、トマトの輪切りとスライスチーズを載せたら、オーブンで焼くだけ。スライスチーズがとろっとなった熱々を齧《かじ》ると、ピザのような味です。トマトは熱を加えると甘くなって美味しいし、トマトとチーズは栄養素の相性がとてもいいそうです。パンには合わないかもしれませんが、お味噌汁はやはり欠かしません。

果物は、自分から進んでは食べないほうでした。いただき物をしても、いつも冷蔵庫の隅に追いやられて可哀想です。けれども最近は、ビタミンCの豊富なキウイを必ず食べるように心がけています。

健康情報は自分流にアレンジする

そのうちにお昼になって、あっという間に午後です。

お昼ご飯は、食べたり食べなかったり。食べるときも、簡単に済ませます。ご飯だけ炊いて、サバの焼いたのに、朝の残りのお味噌汁。お漬物が好きなので、以前はぬかみそを漬けていましたが、独り暮らしですからすぐにすっぱ漬けになってしまいます。それはそれでまた、美味しいのですが。

今、住んでいるマンションの近くにはトレーニングルームがあって、午後二時から三時くらいに利用することが多いです。ストレッチをやったり器具に乗っかってブルブルッとしたり。だいたい空いていますが、ほかに人がいても平気です。散歩から帰って来てそのまま利用することもありますし、天気が悪くて公園へ出られない日や猛暑の時期には、散歩代わりに使います。

少し太ったら「ダイエットしなくちゃ」と思いはするものの、なかなかに面倒くさい。運動は大切ですからスクワットやピラティスも試してみましたけれど、私にはちょっと強すぎました。

以前は女性限定のスポーツクラブに通っていました。週に一、二度、好きなときに行って三十分から四十分、身体を動かします。皆さん、一生懸命自分のトレーニングをされていますから、私も頑張れます。入会の際には名前のフリガナを「サクマリョウコ」と書きました。受付では「リョウコさん、おはようございます」と挨拶されるので、なんだか新鮮な気持ちです。

周りは四十代から五十代と私より若い方が多いので、ついつられて、張り切ってしまいがちでした。でも根《こん》を詰めすぎると長続きしません。何事もほどほどが肝心です。

夕食は、あまり食べません。白いご飯は、日に一回食べるか食べないか。夜必ず食べるのが納豆です。普通は朝に食べるものですが、納豆菌は夜中に働くらしいので、夕食で食べるほうが身体にいいそうです。

　そうした健康情報に関しては、わりと敏感なほうです。たくさんの方がいろいろ教えてくださいますけれど、言われた通りにはしません。何となく「あ、それはよさそうだな」と察したことだけ、我流にアレンジしています。取捨選択の基準は勘でしょうか。自分の身体が欲するかどうかで決めています。

　納豆はそのまま食べることが多いですが、ツナと切り干し大根を炒めて混ぜると美味しいと聞いて試してみたら、正解でした。もともと納豆に付いているたれのほかに、脂肪を落とすといわれる千鳥酢を少し垂らします。

「納豆だけではもの足りない。今日はお肉を食べたいな」と思ったら、豚の脂身の少ないところを、ササッと焼いたりしゃぶしゃぶにしたりします。豚肉も、新潟の小千《おぢ》谷《や》の肉屋さんがいいお肉を送ってくださるのです。

　料理は、若いころから好きです。平幹二朗さんと結婚していたころは、お客さまが多かったので、十人前のフランス料理のコースを作ったりしていました。料理は手際です。鍋を火にかけたらササッと洗い物をしたり、要領と人をもてなす心は、母から学びました。結婚前の実家は大泉の東映撮影所が近かったので、一本の映画がクランクアップすると打ち上げの後の二次会はいつも我が家でした。母は何十人分もの料理を、一人で作ってくれたのです。

近ごろは、夕飯は何にしようかなと考えて、「そうそう、昨日のお魚の煮つけが残ってた。あれを温めよう」といった程度の食事です。作り置きして冷蔵庫に入れておいても、冷凍焼けしてしまったり、そのまま忘れてしまうこともありますから。

寝る前のリラックス法

お風呂は若いころから長湯はしません。スマホどころか、読みたい本や雑誌も持ち込んだりはしません。

床に就く前の時間に欠かせないのは、音楽です。聴くのはクラシックが中心で、だいたいCD一枚分くらいの時間。たくさん並んでいる棚から、その日の気分に合わせて聴きたい一枚を抜き出します。最近は、ドビュッシーの『夢想』などのピアノ独奏曲や、ドヴォルザークの交響曲第九番『新世界より』をかけることが多いです。

部屋を薄暗くして音楽でリラックスするのは、一日を終える儀式のようなもの。その日の疲れを忘れ、仮に嫌なことがあったとしても忘れ、鬱積させないよう寝る前に切り替えてしまうのがいい習慣だと思っています。

母がオペラ好きでアリアを口ずさんでいたことが、私の音楽好きに繋がっています。若いころは歌謡曲や演歌は聴かなかったのですが、自分が歳を取ってから昔の歌手の歌を聴くと、とてもいいと感じます。美空ひばりさんや北島三郎さんの演歌には、情と人間味があふれています。気が付くと私も大きな声で歌っていることがあります。でも、夜の音楽は眠りに就くための準備でもありますから、演歌よりクラシックがいいようです。

割と早めに、十一時には床に就くようにしています。寝る前にストレッチをしなくちゃと思い、たまに気が向いたときはするのですが、怠け者ですから面倒くさくていけません。音楽を聴きながらアルコールを少々いただく夜もあるので、なおさらです。

若いころはお酒が強くて好きでした。舞台の公演が終わった夜九時くらいから共演者と夜中の三時くらいまで飲んで、昼の公演に合わせて朝の十時に楽屋入りすることがよくありました。帝国劇場が多かったので、有楽町のガード下でサラリーマンに混じって飲んでいたのです。江守徹さんや役所広司さんとよく飲んでいたという記憶があります。

ですがこの歳ですから、量は控えめにしています。白ワインなら一本くらい平気で空けていましたけれど、今はグラスに二杯くらいか、焼酎を少しだけ。毎晩は飲まないようにしています。お酒をちょっと飲んで音楽を聴いて休むのが、ひとつのパターンです。飲みながら音楽を聴いていると、それだけで眠くなるときもあります。

高齢者に共通する悩みといえば、長く深く眠れないことです。私も寝つきがよくありませんし、夜中にトイレに起きるとそのまま目が覚めてしまう日もあります。

朝の運動から一日の過ごし方で身体を疲れさせて、自然に眠くなれれば一番。今はそう考えて生活サイクルで入眠をコントロールしていますが、忙しかった当時はそういきませんでした。映画の撮影や舞台公演に入ると、身体はクタクタなのに頭は冴え、気持ちが昂《たかぶ》っているので、一向に眠れません。そんなときは入眠剤を使ったりしていました。

一昨日は夜十二時くらいに休んだのですが、四時半くらいに目が覚めてしまって、それから寝られませんでした。昼間に出かける用事があって疲れたので、ぐっすり眠れるかなと思っただけにがっかり。そんな夜が二、三日続くと、へとへとになります。

若いころは眠くて仕方ないのに忙しくて寝る時間がなく、今は時間だけはあるのに上手く眠れないのですから、皮肉なものですね。

それともう一つ、最近はこの本の原稿を少しずつ書くことが日課になっていたことを忘れていました。昔の写真を見たり過去の記事を読んだりしながら自分の来《こ》し方を振り返る時間も悪くないものだ、と感じる今日このごろです。

独り暮らしだから、あえて声を出す

独り暮らしの難しさのひとつに、時間の使い方があります。特に用事のない日など、何をしようかと考えているうちになんとなく一日が終わってしまい、「ああ、もったいない」と溜息ひとつついて終わることも、少なくありません。

「今日は時間があるから、片づけをしましょう」と思い立って始めてみると、たくさんの台本が出てきます。何しろ、映画だけで百五十本近く出演してきました。さらに、舞台にテレビドラマ。引っ越しの際に処分してしまったものも多いのですが、これはと思う作品は残してきましたので、我が家には、大変な数の台本があります。

手に取って開いてみると、難しくて、台詞が多くて、苦労した作品ほど、思い出が蘇《よみがえ》ります。たとえば、三島由紀夫先生が原作の舞台『鹿鳴館《ろくめいかん》』や『朱雀家《すざくけ》の滅亡』がそうです。『鹿鳴館』では、主役の影山朝子を務めましたから、膨大な台詞がありました。『朱雀家の滅亡』には、台本にして二十ページに及ぶ長台詞がありました。

そうした台本を読み返しながら、自分の役の台詞を声に出してみます。その役を演じた当時、台詞を覚えながら役柄を作り込んでいったときのように、一人でしゃべってみるのです。傍《はた》から見たら、可笑しいかもしれませんね。でも独り暮らしをしていると、誰とも口を利かない日があります。しゃべらないことは老化に繋がると聞きますから、あえて難しい台本を開いて、声を出して台詞を読むのです。

暗記するわけでも勉強し直すわけでもありませんが、頭の体操になります。そのころの出来事をあれこれ思い出して、元気が出たりもします。

特に、長く続いたコロナの時期には、他人との接触がいけないとされたので、口を利かないことが普通になってしまいました。女優ですからよくわかるのですが、しゃべらずにいると気管が細くなってしまって、声が思うように出なくなってしまうものです。知り合いの方や物の名前も、忘れがちになります。これはとても怖～いことです。

無為な時間は贅沢な時間

一日中、ずっと座ってぼおーっとしていたら、どんどん老化が進んでしまいます。私の場合は台本ですけれど、新聞を声を出して読むのでもいいし、本を読むときにも、ただ目で文字を追うのではなく声を出すクセをつけることが、脳の回転を保つ秘訣だそうです。そんな工夫次第で、独りの時間を楽しむこともできます。

ついでに少しでも身体を動かせばいいと思います。私の場合、今日は運動していないなと思うと、急に思い立ってマンションの近くにあるジムへ行き、マシンを使って歩いたりするときがあります。

思い出に浸っているのは性に合わないのですが、あれやこれやと台本を手に取って開いていると、時間はあっという間に過ぎていきます。「そう、そう。この舞台の写真があったわね。どこだったかしら」と思いつくと、今度は膨大な写真をひっくり返す破目になります。ところが、こちらも整理が悪くてバラバラなので、目当てと違う写真を見つけて「ああ、これも懐かしいわ」と見入ってしまったり、また違う写真が出てきて「この舞台の台本は残してあったかしら」と別の探し物を始めたり。部屋の中は、むしろ散らかるばかりです。アルバムや古い手紙の整理など始めたら、よくあることではないでしょうか。

時間はさらに過ぎて夕方になり、目的だった片づけは一向に進まないまま。台本も写真も元の場所へ押し込んで終わることも、少なくありません。でも、そんな無為な時間も、独りだからこその贅沢な時間、と考えるのはあまりにも楽天的すぎますでしょうか。まあ、いいか。

「どうせ」は禁句にする

独り暮らしがいいのは、思い立ったらすぐ行動に移せることです。家族がいて「そんなことは危ないから止めなさい」と心配してくれるのはありがたいことですし、歳を重ねると自分の意見を通そうとしがちですから、聞く耳を持つことは大切です。けれども「あれもダメ。これもダメ」ばかり言われていると「どうせ、この歳だから」と卑屈になっていきます。この「どうせ」がいけないのですね。

私は先日、北海道へスキーに行ってきました。娘夫婦と一緒ですが、数十年ぶりの挑戦です。さすがにリフトで一番上まで昇りはしませんけれど、幸い身体が覚えていてくれて、それなりに滑れました。向上心、探求心、冒険心を失くさないことも、若々しくいられるための秘訣でしょうか。

私は思い立ったら、一人で映画館やデパートにも行きます。数年前、私が出た映画の特集上映があったので、観客の一人として客席に座りました。誰にも気づかれません。帰りのタクシーでだけ、「駒沢までお願いします」と言いましたら、運転手さんが振り向いて、「佐久間良子さんですか」。どうやら声でおわかりになったようです。

傍らにはいつも犬がいた

私は犬が好きです。天気のいい朝は、住んでいるマンションの隣りにある大きな公園を散歩します。そこでたくさんの犬に巡り会うのが、楽しみになっています。先日は、大の字になって寝そべっている犬がいたのでびっくりしました。飼い主の方に、

「どうしたんですか」

とお尋ねしたら、

「いや、疲れて歩かないんですよ」

というお返事でした。近年の夏は朝から暑いので、犬も疲れるのでしょう。ところが、そんな様子を横目でチラッと見ながら軽やかな足取りで通り過ぎていく子犬もいるので、つい笑みがこぼれてしまいます。

夕方になって散歩に出ると、もっとたくさんの犬がいます。眺めていると、愛犬は

飼い主のお顔によく似ていることに気付くので、不思議です。

子どものころから、家には犬がいました。小鳥や金魚は飼ったことがないのに、犬はいつも傍《そば》にいたのです。

最初は、練馬の実家で飼っていたシェパードです。おそらく母の趣味でしょうが、戦争前にシェパードを飼っている家は珍しかったと思います。「アリちゃん」という名前も母がつけたのですが、謂《いわ》れはわかりません。私はまだ幼かったので、オスだったかメスだったかも覚えていません。物心ついたときには一緒にいたのです。

実家は大きな屋敷だったので、私は外へも出ず、お友だちとも遊ばず、芝生の庭でずっとアリちゃんと遊んでいました。戦争が始まったのは二歳のときです。やがて私は福島へ集団疎開して、終戦で帰って来たとき、アリちゃんは家にいませんでした。

母に訊《き》くと、軍に徴用《ちょうよう》されたそうです。シェパードは軍用犬として使えますから、どの家からも連れて行かれてしまったのです。アリちゃんはそのまま戻って来なかったので、あとのことはわかりません。戦争が不幸にしたのは、人間だけではなかったのです。

次は「ロロちゃん」というマルチーズで、家の中で飼っていました。命名はやはり母で、イタリアの名女優ジーナ・ロロブリジーダからの拝借です。

馬と間違えられたロシア犬ボルゾイ

そのあとが、ボルゾイというロシアの大型犬です。背が高く、脚が長く、スリムで、顔も細長くて小さいのが特徴です。ロシアの皇帝が飼っていたという由緒ある犬種で、毛は長くて白に少し茶が入っていました。

私が映画界に入ってすぐ、広島に住む大ファンの方が「佐久間さんにすごく合う犬がいるから」とおっしゃって、プレゼントしてくださったのです。名前は「ギャビ」で、これも母の命名。ジュリアン・デュヴィヴィエ監督の『望郷』というフランス映画で、ジャン・ギャバン演じるペペ・ル・モコが惹《ひ》かれる女性の名前です。船の甲板

1960年頃。自宅近くで

にいる彼女に向かってペペ・ル・モコが『ギャビー』と呼ぶのですが、汽笛がボワーッと鳴ってかき消されてしまう港のラストシーンが有名です。母の名付けは、本当に洒落ていました。

ボルゾイは性格は穏やかなのですが、何しろ大きいので力が強い。普段は庭で放し飼いでした。私がリードを持っている写真が残っていますが、雑誌に載せるためだけに撮ったものです。外へ散歩に連れて行くときは、調教師さんが来ていました。

外を通りがかって庭にいるギャビを見かけた人に、馬ではないのかと驚かれていました。私も昼間は可愛がっているのですが、夜遅くに仕事から帰ってくると塀の上から顔を出して外を覗いているので、怖く感じるときがありました。家に入ると嬉しさのあまり飛びかかって来ますから、受け止めるのが大変でした。

死期を悟るほど賢かったシーズーのリズ

結婚して家を出てからは仕事や子育てに忙しく、犬はしばらくご無沙汰でした。離婚したあとに飼い始めたのが、小型犬のシーズーです。シーズーだから、名前は簡単に「スーちゃん」。

その子が亡くなってからしばらくしてペットショップへ行ったら、同じシーズーが一頭だけ売れ残っていました。「すごく元気のいい子なんですよ」と言われて「ああ、そう」と返事して帰って来てから、飼うと決めるまで二日くらい考えました。

鼻ペチャだから、もう少し鼻が高くなりますようにと、「リズ」と名付けました。映画でクレオパトラも演じたエリザベス・テーラーから採ったのです。

そのころは息子と娘も独立して、私は広いマンションにリズと二人暮らしでした。シーズーは頭のいい犬で、人の考えや気持ちがよくわかります。お客さまが来てお話をしていると、横に座ってじっと聞いているのです。私にとって、本当に大事な癒しの子でした。

その家は独りには広すぎたので引っ越すことになり、娘夫婦が小さなマンションを探してくれました。「でもそのマンションは、ペット禁止なのよ」と話しているのをリズは聞いていて、「自分は新しい家に行けないんだ」と悲観したのでしょう。何千頭に一頭という珍しい難病にかかってしまいました。毛が抜けて、目が飛び出してしまって、耳が聞こえなくなって。本当に可哀想でした。

八月から十二月まで毎朝毎夕、動物病院へ点滴に通ったのですが、病状は次第に悪くなっていきました。ついに歩けなくなって、先生から、

「佐久間さん、あとはもう、お家にいたほうがいいです」

と宣告されてしまいました。

私は自分のベッドで寝るのをやめて、毎晩リズを抱いて床に寝ました。ある日の夜中、目が覚めると、リズは部屋の隅へよたよた歩いていくところでした。

「あら、リーちゃん、大丈夫？」

と声をかけるうち、私はまたウトウト寝てしまったようでした。ふっと気が付くと、顔の横で荒い息がします。

「リーちゃん、どうしたの？」

と言って抱き上げると、はあはあ、はあはあと息をつくばかり。そのまま抱っこしていてあげればよかったのに、私はどうしてもトイレに行きたくなったものですから、

「ちょっと待っててね」

とリズを床に置いて、立ち上がりました。歩きながら振り向くと、リズは私の後ろ姿をじいっと見ています。急いで戻って来て、

「リーちゃん、ごめんね」

パッと抱き上げた途端にフッと息を吐いて、私の腕の中でリズは死んでしまいました。もう虫の息だったのに、きちんと最期のお別れをしようと、私がトイレから戻って来るまで待っててくれたのです。ああ、我慢すればよかった！　あのときのことを、あとから思い出すたび……涙、また涙。

これまでの人生で五頭の犬を飼いましたが、仕事で外へ出ている時期が長かったたし、一緒に過ごした時間が最も濃いのがリズでした。でも、まだ五歳だったのです。

お友だちで、やはり犬好きの草笛光子さんに話したら、

「犬の霊感がわかる人がいるから、話を聞いてみる?」

と言われました。

「ああ、聞いてみたいわ。紹介して」

とお願いしたその方は、私に向けたリズの遺言を書いてくれました。そこには、

「自分は本当に幸せだった。お母さんに可愛がってもらって嬉しかった。苦しいこともあったし、短い一生だったけれども、守ってくれてありがとう」とありました。

草笛さんと一緒にそれを読んで、二人とも涙、涙。その遺言は、いまも手元に置いてあります。

あれから五年経ちました。私は家の中に写真を飾るのがあまり好きでないのですが、母とリズの写真だけは飾っています。リズはいつも、私を見守ってくれています。

真っ赤な紅葉の記憶

私の記憶の中で、最も古いものは真っ赤な紅葉です。そのとき私は二、三歳で、父と母とお祖母《ばあ》さんに連れられて、栃木の塩原温泉を訪れたのでした。紅葉が真っ盛りの季節で、燃えるように染まった木々がそれはそれはきれいで、私は甲高《かんだか》い声で、

「きれきれねー、きれきれねー」

と何回も何回も言いながら歩き回るので、

「良子ちゃん、もう、わかったから。少し黙ってなさい」

と笑われてしまうほどでした。

幼いときに見たあの強烈な赤が、脳裏に焼きついています。以来、私の好きな色はずっと赤です。

六歳になった一九四五年の春、学童の集団疎開で群馬の磯部にある山寺へ行きまし

た。食糧事情が悪くて私は栄養失調になって死にかけ、広いお堂にずっと寝かされていました。

　当時は土葬が当たり前ですから、雨が降ったあとの夜中には、お墓の片隅でリンが光ります。いろいろな色で、めらめら、めらめら。布団に横になったままの私からでも、その光がよく見えました。

　俗にひとだまといわれるものですが、子どもでしたから何もわかりません。怖さを感じるより、素直に「ああ、きれいだな」と思いました。そうした感性は、少し鋭敏なのかもしれません。私は子どものころから、美しいものへの憧れや自然に対する畏《おそ》れを、人並み以上に感じていたようです。今この歳になって、森の中を歩いたり滝を見に行くのが好きなのも、あの紅葉とひとだまの影響でしょうか。

広い屋敷から出ずに育った〝箱入り娘〟

私は一九三九年二月二十四日に生まれました。父は、東京の練馬がまだ板橋区の一部だったころの大地主の次男です。母の実家は、小学校の理科室に置いてある人体模型を日本で初めて作った会社です。

練馬の桜台にある広い家で、私は何不自由なく育ちました。家は五百坪もあったでしょうか。大きな鉄の門から青瓦が輝く二階建ての洋館まで、コンクリートの車道が続いていました。広い庭には芝生が敷き詰めてあって、当時としては珍しいシェパードを相手に私は遊びました。近所にお友だちもいないので、屋敷からほとんど外へ出ずに育ったのです。文字通りの箱入り娘で、世間知らずでした。

父は軍医をしていて、私が幼いころは従軍して満州にいました。帰国後に三つ下の妹と六つ下の弟が生まれます。戦後は製薬会社に勤めて、役員になりました。寡黙で穏やかな人で、私は叱られたことがありません。いつも決まった時間に帰って来て、家族全員で食卓を囲む生活を好んでいました。自分では覚えていないのですが、お刺身が好きだった私は父の膝に乗って、父が食べようとする分をみんな食べてしまったことがあるそうです。

母は対照的に、行動的で陽気な人でした。オペラが好きで、キッチンで夕飯の支度をしながら大きな声でオペラのアリアを歌います。小さいときからそれを聴かされて育ったので、私も自然と音楽好き、オペラ好きになりました。

母は宝塚歌劇も好きだったので、東京の宝塚劇場へよく連れて行ってもらいました。自分も宝塚の舞台に立ちたいとか芸能界に入りたいという気持ちは、まるで起こりませんでした。あのような世界は、あくまで見るものだと思っていたのです。のちに高島忠夫さんと結婚なさる寿美花代《すみはなよ》さんも好きでしたが、もっと好きだったのは南風洋《みなかぜ》子さんです。自分が映画界に入って何年か経ってから、お仕事をご一緒したときは、「こんな巡り合わせがあるのかしら」と感激したものです。

子どものころに楽しみだった行事は、障子の張り替えです。大きな家なので障子が

母と私。５歳の頃

たくさんあって、張り替える分は破き放題だったからです。お正月に母がおせちを作ってくれるのが嬉しかったのを覚えていますが、餅つきはした記憶がありません。昭和十年代ですから、クリスマスを祝う習慣はそれほど一般的ではなかったのだと思います。お雛さまは立派なのがありましたけれど、大人になってからの引っ越しで、いつの間にかどこへ行ってしまったやら。

夜中に妹がトイレに行くときは、私も一緒に起きて手を引いて連れて行きました。自分で言うのも何ですが、長女らしい、いいお姉さんだったと思います。

同居していた母方の祖母は、明治天皇にお仕えする女官だった人です。私としては普通の礼儀作法を教わったつもりでしたが、普通のお家よりは厳しくしつけられていたことが、あとになってわかります。

通学電車のせいで男性が苦手に

小学生のときは、級友に手紙を書くのが好きでした。内容は学校でその日にあった出来事などで、便箋に一、二枚。さっき別れたばかりなのに、家に帰ったら手紙を書いて郵便で出すのですから、いかにも少女っぽい話です。母から教えられた「人さまに手紙を差し上げたとき、その人が不快感をもつような字を書いてはいけない」というひと言が、ずっと心に残っています。

練馬区立開進《かいしん》第三小学校を卒業した私は、川村学園の中学校へ進みました。池袋から山手線でひとつめの目白にある私立の女子校です。入学するとすぐ、お茶とお花を習いに通い始めました。花嫁修業のようなものです。終戦直後のごく普通の教育を受けて育ちましたから、女の子は学校を卒業したらお嫁にもらっていただくものだ、と思い込んでいたのです。

川村学園は「お嬢さま学校」と呼ばれていましたから、「遊ばせ言葉」を使う先生もいらっしゃいましたし、厳しい校則もありました。私は大人しい生徒で通《とお》っていましたが、早弁もしましたし、先生の目を盗んでイタズラもしました。あるときは非常ベルを鳴らして、校内が大騒ぎに。先生たちが慌てる様子をこっそり覗いていました。もう時効でしょうが、申し訳ないことを致しました。

女子校ですが、ラブレターをもらうこともありました。古典的ですけれど、靴箱の中に忍ばせてあるのです。

現在の西武池袋線を、当時は古い名前で武蔵野鉄道と呼んでいたはずです。私は通学のために桜台から乗って、池袋で乗り換えます。あの沿線には高校や大学がたくさんあります。いつの間にか、立教や学習院や早稲田の男子学生が、私が何時何分の電車の何両目に乗ると聞きつけて、集まって来るようになりました。手紙を渡されることもありました。電車の中で渡されたり、駅で待ち伏せされたりするのです。

いただいた手紙は一応すべて読みましたが、お返事を出したことはありません。学校の職員室に呼ばれて「気をつけなさい」と注意されたこともありますが、私にはどうしようもないことです。

改札を通り過ぎる私を気に入った池袋駅の駅員さんが、家までついて来てしまったこともあります。学校へ行くのが嫌になってしまいました。

予想もしなかった女優へのスカウト

高校三年の秋、東映所属の小宮光江さんという女優さんから、我が家に電話がありました。

「大泉の東映撮影所で運動会があるの。見にいらっしゃらない？」

というお誘いです。小宮さんとは面識はありませんでしたが、川村の大先輩です。せっかくのお誘いですし、大泉は我が家の桜台から近いこともあって、出かけてみることにしたのです。

会場に着くと、正面に張られた大きなテントへ案内されました。居並ぶお偉いさんからジロジロ見られて、居心地が悪いったらありません。運動会が終わると外車に乗せられ、家まで送ってくださいました。

数日後、学校から帰ると、玄関に黒塗りの大きな車が停まっていました。社旗に「東映」と書かれています。応接間に入ると東映の幹部の方が両親に向かって、

「良子さんを、東映のスターとして育てさせてください」

と深々と頭を下げていました。

大泉と桜台は駅が四つしか離れていないので、東映のどなたかが電車の中で私を見かけたようです。特徴のあるセーラー服から川村の生徒とわかり、名前を突き止め、先輩の小宮さんを使って運動会に誘い、幹部たちに品定めをさせたのでした。すべて筋書きができていたのです。

我が家は堅い家風ですし、両親はもちろん猛反対です。それでも挫《くじ》けずに、東映の幹部の来訪と説得は一週間も続きました。「絶対反対」を確認するだけとはいえ、我が家では親族会議が何度か開かれました。

私自身、映画はあまり観たことがなく、興味もありませんでした。高校を卒業したら川村の短大へ進むつもりで、すでに学費も納めてあったのです。

龍神さまの茜空

けれども、人の心というのは不思議です。頭を下げ続ける東映の幹部と、強硬に反対する両親を見比べているうち、私の中に迷いが生まれてきたのです。

そんなある日の夕方、私は一人で近くにある龍神さまへお参りに出かけました。茜色に染まった夕空が、実にきれいでした。

たまたま神主さんが庭を掃いていらっしゃったので、私は「こういうことで悩んでいるんです。どうしたらいいでしょうか」と身の上話をしました。すると神主さんは、ごくごく軽い調子でおっしゃいました。

「ああ、おやりなさい」

私のモヤモヤは、そのひと言で吹っ切れました。両親からは厳しく言われるし、自分の中では迷いが生じるし、どうすればいいか踏ん切りがつかずにいたのですが、家に帰るとすぐに両親を呼んで、

「私、決めました。一年限りでいいので、女優に挑戦します」

と宣言しました。「やらせてください」ではなく「やります」。そう言い切ったのです。両親も諦めて、「一年ですよ」と念を押すだけでした。

母に言わせると、私は手のかからない大人しい子どもで、反抗期もなかったそうです。初めて両親に逆らったのが、芸能界入りを宣言したあのとき。神主さんの言葉が、背中を押してくれたのです。しかもあの軽さが、私を救ってくれたようでした。「くよくよ悩んでいたって仕方がない。一度だけの人生だし、やってみればいいじゃないか」と心の曇りが晴れたのです。

今になって思い起こせば、あのときの茜空は、二、三歳のときに見た紅葉と同じように真っ赤だった気がします。

東映は補欠合格だった

私の東映入社は、書類上「補欠合格」とされています。これには、ちょっとした訳があります。

スカウトを受けた私ですが、他の受験者と一緒に試験を受けることになりました。一次二次と選考が進んで最終段階になったら、いきなり「水着審査がある」と聞かされました。

私は女優になるためになぜ水着姿が必要なのか、納得がいきませんでした。「こちらから頼んで試験を受けたわけでもないし」と思案した末、水着審査を拒否したのです。代わりに社長面接を行なうという特例措置が取られた結果、私は「補欠合格」扱いになったのでした。

ニューフェイスの愉快な仲間たち

一九五〇年代には、各映画会社が新人を発掘するオーディションを行なっていました。東映ニューフェイスは一九五三年から始まります。第一期が中原ひとみさんや高田敏江さんたちで、第二期が高倉健さんに丘さとみさんら。第三期が里見浩太朗さんに大川恵子さんほか。

一九五七年の私たちは第四期で、室田日出男さん、山城新伍さん、花園ひろみさん、山口洋子さん、水木襄《じょう》さんたちが揃った豪華な顔触れです。

本当に仲が良くて、デビュー後すぐに私の仕事が忙しくなると、撮影が延びたときにお昼ご飯を取っておいてくれたりする気遣いがありました。同期はライバルというより、みんなに「次に売れるのは自分だ」という意気込みがあったから、仲間として長続きしたのでしょう。

室田さんは、のちに悪役の役者を集めて「ピラニア軍団」を結成しました。山城さんはテレビ時代劇『白馬童子』の主演で人気を得て、バラエティー番組の司会などで活躍されました。時代劇のお姫さま役が似合った花園さんと、結婚と離婚を二度繰り返されたことでも有名です。

私たちのリーダーだったのは、山口洋子さんです。二年ほどで女優から引退されたあとは、銀座の高級クラブ「姫」のママになりました。かと思えば、作詞家として『よこはま・たそがれ』『北の旅人』など数多くのヒット曲を手掛け、小説を書き始めたと聞けば、『演歌の虫』『老梅』で一九八五年に直木賞を受賞。気風のいい性格で、本当に多才な方でした。

水木さんは、テレビ映画『忍者部隊月光』に主演されたあと東映を退社され、残念ながら早くに亡くなりました。私との共演作が特に多かったのが、水木さんです。中でも忘れられないのは、『故郷は緑なりき』（一九六一年）。富島健夫さんの『雪の記憶』という純愛小説を読んだ私が感動して、大川博社長に、

「私がやりたいのは、こんな映画なんです」

と映画化を直訴した作品だからです。東映が得意とした時代劇やギャング映画とは違うジャンルなので、実現には一年以上かかりました。けれども富島さんが、

「この作品は佐久間さんのイメージにぴったりだし、最初に映画化に動いたのが佐久間さんだから」

と後押ししてくださいました。私にとっては、それまで受け身だった女優という仕事への気構えを大きく変える映画になったのでした。

東映ニューフェイスは入社してから半年間、六本木にある俳優座の養成所に通って演技の勉強をします。その後、東京か京都の撮影所に配属されてデビューに至る仕組みです。

養成所では月曜から金曜日まで、いろいろな教科が組まれていました。学校の延長みたいに愉快で、しかも私は女子校育ちですから、周りに男性がいるだけで楽しかったのを覚えています。授業のあとは六本木の街に出て、演劇論の続きです。といってもみんなお金がないのでいつも喫茶店に集まり、コーヒー一杯で長時間議論したもの

1957年、東映ニューフェイス同期と一緒に（前列左が筆者）

です。

お金がないといえば、六本木のラーメン屋さんからお昼に出前を取るのですが、食い逃げを謀《はか》る人もいました。山口洋子さんが率先して、集金に来たとわかると居留守を使うのです。「なべちゃん」と本名で呼んでいた山城新伍さんなんて、服のロッカーに隠れてしまって。仕方なく私がまとめて払うこともありました。

デビュー作はアニメのモデル

研修が終わると、私は大泉の東京撮影所に配属されました。入社試験で水着を拒否した話は社内に知れ渡っていて、私は「世間知らずのお嬢さま」だと思われていました。撮影所内に「佐久間良子を守る会」が発足した、とも聞いて、なんとなく恥ずかしかったです。

デビュー作は一九五八年の『台風息子』ということになっていますが、それより前に『白蛇伝《はくじゃでん》』（一九五八年）というアニメーションの仕事がありました。中国の民話のアニメ映画化で、ヒロイン白娘《パイニャン》のモデルに私が選ばれたのです。ＮＨＫの朝ドラ『なつぞら』（二〇一九年度）でも描かれたのでご存じの方もいらっしゃるかもしれません。

今のようなＣＧの技術などありませんから、ライブアクションという方法が使われました。中国の衣装を着けてカツラをかぶり、メイクもした私が、カメラの前で演技をします。それを撮影して現像したフィルムを基に、動画担当の方がひとコマずつスケッチしていくのです。私は「漫画みたいな顔だから選ばれたのかしら」と落ち込んだものですが、会社としては新人女優のカメラテストのような意味合いもあったのでしょう。

私の演技をアニメ化された担当の方は、鳥丸軍雪《とりまるぐんゆき》さんです。後にヨーロッパへ渡ってピエール・カルダンで修業し、〝ドレープの魔術師〟と呼ばれる立派なデザイナーになられました。一九八六年に当時のイギリス皇太子夫妻が来日された際、ダイアナ妃が宮中晩餐会でお召しになったロイヤルブルーのイブニングドレスをデザインされたのも、鳥丸さんです。二十数年後、私の帝劇公演『椿姫』で衣装を担当していただいたのは、不思議なご縁でした。

東映はアニメも有名で数々の名作を送り出していますが、『白蛇伝』こそ日本初のオールカラー長編劇場用アニメーション映画です。声の出演者は、森繁久彌さんと宮城まり子さんでした。

一九六一年のアニメ『安寿《あんじゅ》と厨子王丸《ずしおうまる》』では、私は安寿の声を担当しています。弟の厨子王丸の声は、少年時代が風間杜夫さんで、青年になってからは北大路欣也さんでした。

私のベッドは寝台車

新人時代は、目が回るような忙しさでした。観客の皆さんに佐久間良子という女優の顔と名前を覚えていただくため、たくさんの映画に出なければいけないのです。小さな役が中心とはいえ、デビューから二年で十六本も出ています。四、五本の掛け持ちは当たり前ですから、恋人の名前を呼び間違えたりしました。

撮影の合間に駆け込む所内の食堂の定番はカレーライスで、五十円だったと思います。人気メニューに「酢鯨《すげい》」というのがありました。豚肉の代わりに当時は安かった鯨の肉を使った酢豚のような料理で、正式な名前は別にあったと思うのですが、みんな面白がって「酢鯨」と呼んでいたのです。

東映の大泉撮影所は、今でこそ街並みの中ですが、当時はまわりに建物がなく、畑の中にポツンと建っていました。撮影が遅くなって帰る冬の日など、吹きさらしの夜道を駅まで十五分以上歩かなければいけません。「なんでこんな、しんどい思いをしなくちゃならないのかしら」と溜息をついたことが、ずいぶんありました。

一番忙しい時期には、朝九時の撮影開始からお昼まではA組、夕方まではB組。終わったと思ったら、会社の車で東京駅まで運ばれます。まだ東海道新幹線がない時代ですから、夜行の寝台急行に乗せられて京都へ。マネージャーはいないので、一人きりです。

朝八時くらいに京都駅へ着くと迎えの車が待っていて、太秦《うずまさ》の東映京都撮影所へ。この日は朝から、時代劇の撮影です。ほんの一日か二日だけ滞在して撮影が終わったら、また寝台急行に乗せられて東京へ。

二十代の私のベッドは、ほとんど寝台車でした。といっても、台本を開いて台詞を覚える時間も寝台車でしか取れないので、寝るに寝られません。どうしても眠らなければいけないときは、お酒を持参していました。

京都での撮影で嫌だったのは、待たされるのが当たり前なことです。当時の京都の映画界には、「北の御大《おんたい》」こと市川右太衛門さんと、「山の御大」こと片岡千恵蔵さんという両巨頭が君臨していました。有名な話ですが、どちらが撮影所に遅く入るかで、どちらが大物かを競うのです。

一番待たされたのは、中村錦之助（のちに萬屋錦之介）さんです。映画の現場では待たされることも多いですが、これは最長記録です。

ちょうど淡路恵子さんと熱烈な関係だったころで、お昼ご飯の後お二人が楽屋から出て来ません。『花と龍』（一九六五年）という映画で、錦之助さんと私が主役。淡路恵子さんは脇でしたが、錦之助さんは淡路さんとの絡《から》みばかり撮りたがるので、スタッフも困っていました。

その日はお昼ご飯の後、私は重たいカツラをかぶって衣装を着たまま部屋で十二時間待たされました。スターは楽屋で一国一城の主ですから、自分のお部屋に入ってしまうと監督であろうが立ち入れないのです。

京都の近郊でロケーションがある日は、朝早く撮影所に集合して、支度を終えてから出発します。両御大、大河内傳次郎《おおこうちでんじろう》さん、大川橋蔵さん、東《あずま》千代之介さん、錦之助さんたちの乗る高級外車がずらっと並ぶ光景は、それはそれは壮観でした。

時代劇がまだ華やかなころですから、京都撮影所には活気がありました。東京から借り出された私はお客さんみたいな存在でしたけれど、皆さんに可愛がっていただきました。

たまに定時の五時きっかりで終わると、近くにある伝説の大スター大河内傳次郎さんの大河内山荘へ、景色を眺めに行きました。桂川に霧が立ち込めて墨絵のように見えるひとときが好きで、私にとって心休まる場所でした。

韓国の映画祭でのほろ苦い思い出

海外の映画祭にも、たびたび出席しました。ヨーロッパへ行くのは、個人的な楽しみもありました。一緒に行った日本の女優さんたちは、あちらで流行っている化粧品を買い集め、スーツケースに詰め込んで帰国するのが普通でした。けれども私の目当ては、料理に使う調味料です。たとえばパリならフォションへ行くと、日本では当時見たこともないハーブやスパイスがたくさん並んでいました。それらを買い漁って持ち帰り、自分流の料理に試してみるのが好きだったのです。

韓国の映画祭に出たときの体験は忘れられません。まだ日本文化が解禁されていいない時代ですが、朴正熙《パクチョンヒ》大統領が出席されるイベントなので、各映画会社のトップと俳優の代表が訪韓しました。団長は東映の大川博社長で、私も同行させていただいたのです。

　歓迎のガーデンパーティが開かれ、私たちも正装して参加した席で、各映画会社から朴大統領へプレゼントが贈呈されました。大映からは、素晴らしい二歳馬でした。朴大統領は馬がお好きだったのです。大映の永田雅一《まさいち》社長に盛大な拍手が送られ、参加者一同は感嘆しました。

　お次は我が東映の番です。団長でもある大川社長のプレゼントは、お盆でした。今、銀座四丁目のユニクロがある場所に、当時は小松ストアーというお店がありました。そこで購入した、鎌倉彫のお盆です。当然それなりにいい物だったはずですが、見事な馬の次では拍手が少なめでした。しかも、大川社長のお顔そっくりの丸いお盆。私は思わず、下を向いてしまいました。

　大映の永田社長はスケールの大きい方でした。

鶴田浩二さんと一九六三年の転機

私の人生の転機はいつだったかと訊かれれば、一九六三年と答えます。『人生劇場　飛車角《ひしゃかく》』と『五番町夕霧楼』という映画に立て続けに出演して自分の演技に手応えを摑み、どちらも興行的に成功したこと。加えて、鶴田浩二さんと本格的に共演したこと。このふたつの出来事で、女優としての、そして私自身の〝人生劇場〟は、幕を開けたのです。

東映に入社して、四年が過ぎていました。たくさんの映画に出ましたが、どれも顔見せ、添え物的な扱いで、忙しさに見合う充実感は得られません。時代劇でも現代劇でも純情なお嬢さん役ばかりで、演技に面白さを見出すこともできません。

そんなとき降って来たのが、ヤクザの情婦という大人の女の役でした。

東京撮影所の事務所に呼ばれると、岡田茂所長、沢島忠監督、そして鶴田浩二さんが並んでいました。岡田所長が口を開きました。

「尾崎士郎先生原作の『人生劇場』を撮ることになった。君には、鶴田さんが演じる飛車角の情婦おとよをやって欲しい」

「え、ヤクザの情婦ですか」

思わず訊き返しました。これまで演じてきた役とは正反対の汚れ役で、ヤクザの世界も娼婦も想像さえつきません。とても自信がもてないので、

「できません」

とお答えするのが精一杯でした。

数々のヒット作を送り出した岡田所長は、後に東映の社長になって「映画界のドン」と呼ばれる方です。私に考えるヒマを与えてくれませんでした。

「なぁ佐久間君。女優が成長するには、自分のイメージと違う役に挑まなければ、力がつかない。この作品は一皮剝けるチャンスだ。迷ってはいかん。身体を張って無心でぶつかりなさい。大丈夫。君ならできる」

鶴田さんも口を揃えて、

「格好なんか気にしちゃダメだ。演技は技じゃない。心なんだ。ひたむきな演技をする人には、誰も敵《かな》わないんだよ」

と背中を押すので、一か八か、やってみるしかなくなりました。

配役は、飛車角の鶴田浩二さんのほか、老侠客の吉良常《きらつね》に月形龍之介《つきがた》さん、飛車角を慕う宮川に高倉健さん。原作では主人公の青成瓢吉《あおなりひょうきち》に、梅宮辰夫さんでした。

共演から、恋へ

鶴田浩二さんは、時代劇も現代劇もできるスターとして、東宝から東映へ引き抜かれました。最初にお会いしたのは鶴田さんが入社されたときで、岡田さんの前任の山崎真一郎撮影所長からこう紹介されました。

「スターになるよりも、スターの地位を持続させることが大事なんだよ。鶴田君は、スターの地位を守り続けている人なんだ」

憧れていた大スターの初対面の印象は、「怖い」でした。端整なお顔の目線に凄みがあって、射すくめられてしまうのです。「ヘビに睨まれたカエルって、こんな感じかしら」と思ったのを覚えています。結局ニコリともしてくださらず、言葉もほとんど交わしませんでした。「私、何か失礼なことをして、怒らせてしまったかな」と心配になったくらいです。

仕事には厳しく、特に台詞覚えの早さは抜群でした。現場で急に台詞が変わることを、私たちは「号外」と呼びます。必死に覚えた台詞が差し替えられるのですから、誰しも慌ててしまいます。ところが鶴田さんは落ち着いたまま、台本数ページに及ぶ変更でも一度読んだだけで、頭に入れてしまうのです。

けじめを大切になさる方で挨拶などにも厳しく、鶴田さんがいらしてから撮影所内の空気は引き締まりました。親分肌で面倒見がいいので、スタッフからも俳優陣からもたちまち慕われる存在になりました。

ところが私は、移籍第一作の『砂漠を渡る太陽』（一九六〇年）や、松本清張さん原作の『黄色い風土』（一九六一年）で共演したのに、まともに口をきいてもらえませんでした。

映画の撮影では、一つのシーンが終わって短い休憩に入ると、俳優同士で雑談や世間話をするものです。ところが鶴田さんは、私とは無駄話を一切なさいません。ただ芝居だけ終えて、現場から帰って行きます。「もう少し打ち解けてくだされば いいのに」と思うのですが、なぜか私にだけ口をきいてくださらないのです。

若手女優の私は、結髪部《けっぱつ》の部屋を休憩室代わりにしていました。仲のいい結髪さんから、

「佐久間さん、今日はどうだった？　鶴田さんとお話ししてもらえた？」

と訊かれても、

「もう全然。ひと言も話してくださらないの。なんでかしらね」

そう答えて、半べそをかくばかりだったのです。

そんなある日、帝国ホテルで東映のパーティーがありました。帰りがけに鶴田さんとたまたま一緒になると、

「お茶でも飲まないか」

と誘われました。撮影所の外で言葉を交わすのは、初めてでした。それまでの態度とは打って変わって、爽やかな笑顔でいろいろな話をしてくださいました。お芝居について丁寧に教えてくださっただけでなく、実は今まで私の仕事ぶりをよくご覧になっていたことが、お話から伝わってきます。

相手にしてくれないと悲観していた憧れのスターから、役者として認めてもらえたことは、この上ない喜びでした。まさに、地獄から天国へ舞い上がったような気分です。あとから思えば、あの態度の変化は〝大人の恋の駆け引き〟だったのでしょうか。

私は男性に心を惹かれるとき、仕事ぶりやプロ意識に対する尊敬や憧れが、愛情に変わる場合が多いのです。二十二歳の私は、十四歳年上の鶴田さんと恋に落ちてしまったのでした。とはいえ鶴田さんには、家庭があります。私たちは忙しい中で連絡を

取り合い、食事に行ったりドライブに行ったりしました。それでも、噂は広まっていきました。

『人生劇場　飛車角』で本格的に共演したのは、そんな最中《さなか》のことでした。

精魂尽き果てたラブシーン

クランクインして間もなく、山場の撮影が訪れました。人を殺したので自首するため、別れを告げる飛車角。「自分一人では生きられない。行かないでくれ」と懇願するおとよ。深川不動の粗末な家の二階で、鶴田さんと二人きりの芝居です。

沢島監督からは、

「飛車角に手を触れずに、女の悲しみを表現して欲しい」

という注文が出されました。愛しい相手に泣いてすがるなら芝居は簡単ですが、それではいけないと言うのです。しかも、ワンカットの長回しで撮ることになりました。

「お前さんはそれでいいかもしれない。あたいはいったい、どうなるんだい」

おとよは、むせび泣きながら、宥《なだ》めようとする飛車角の手から逃れて、狭い部屋の畳の上を這《は》いずり回ります。髪は乱れてカツラがずれ、ほつれて首筋に絡みつきます。着物は着崩れ、すそは乱れます。顔は涙と汗でぐしゃぐしゃ。私は必死ですが、動き回るせいで息が上がり、台詞は上手くしゃべれません。何度も撮り直しになりました。

朝九時から始まった撮影で、沢島監督のＯＫが出たのは午後三時過ぎ。私は放心状態で倒れ込んでしまい、しばらく立ち上がることができませんでした。

スタッフも疲れ切っていましたが、期せずして拍手が起こりました。それより嬉しかったのは、鶴田さんがそっと手を差し伸べて、

「佐久間君、よかったよ」

と言ってくださったこと。「ひたむきな演技をする人には、誰も敵わないんだよ」

という鶴田さんの言葉が、私の大きな支えになっていたのです。

もっといい女優になりたい

三月十六日に公開された『人生劇場　飛車角』は大ヒットとなったため、すぐに『人生劇場　続 飛車角』が作られ、早くも五月二十五日に封切られました。この映画で私は、二役に挑みました。のちに夫となる平幹二朗さんとも共演しているのですが、まだ鶴田さんに夢中だったころですから、印象に残っていません。

『人生劇場』のおとよ役によって、私は清純派から演技派へ脱皮したという評価をいただきました。自分でも演じることの面白さに目覚め、もっといい女優になりたいという欲が湧いてきました。

そのおかげで、女性が主役の文芸大作『五番町夕霧楼』の製作が決まり、私が主演を任されました。この作品も同じ一九六三年に撮影されて、十一月一日に公開されています。

翌年三月一日には、シリーズ第三弾『人生劇場　新 飛車角』が公開されました。

岡田所長は、廃《すた》れつつあった時代劇に代わり、任俠映画というジャンルを新たに開拓したのでした。もっとも『人生劇場　飛車角』は尾崎士郎さんの原作から義理と人情のロマンチシズムを受け継いでいますが、次第にヤクザや暴力団の血で血を洗う抗争を売り物にする作品が増え、後年の実録路線へ繫がっていきます。皮肉な話ですけれど、ギャング映画に続く男性路線の柱ができたことで、東映では女優の活躍する場が次第に減っていったのです。

鶴田さんとの関係は、数年で終わりました。お互いの気持ちが冷めたわけではないのですが、私のほうから終止符を打ったのでした。

個性的な共演者たちの思い出

私が女優になったのは、映画が娯楽の中心で最も華やかだった時代です。年間に五百本を超える作品が製作されていました。週に十本ずつ、新作が公開されていた計算です。

撮影スケジュールは過酷でしたけれど、数々の名監督と一緒に仕事ができましたし、共演者にも個性的な名優が揃っていて、楽しく演じることができました。

東映の若手時代に何本も共演したのが、高倉健さんです。私のデビュー作『台風息子』(一九五八年)でご一緒していますし、ギャング映画でもたくさん共演しました。健さんは私の二期上の、第二期東映ニューフェイスです。

「天下の快男児シリーズ」といって、東宝で加山雄三さんがやっていた「若大将シリーズ」に先駆けるような、健さん主演の青春ものがあります。私はそのうちの『天下

の快男児　旋風《せんぷう》太郎』（一九六・年）という作品に出ています。

口数が少ないのは照れ屋のせいで、優しい方でした。周りへの気配りを欠かさず、有名な話ですがコーヒーがお好きで、楽屋で淹れてスタッフや共演者に振る舞っていらっしゃいました。私もご馳走になりましたけれど、本格的でコクのある美味しいコーヒーでした。私にとっては尊敬する先輩であり、頼れるお兄さんのような存在でした。

高倉健さんから打ち明けられた失恋話

鶴田浩二さんが東映に移籍して第一作の『砂漠を渡る太陽』（一九六〇年）という大作に、健さんと私も出演しました。静岡の浜松でロケが終わり、私は東京へ帰らなければなりませんでした。そのとき監督が頼んだのか、それとも健さんがご自分からおっしゃったのかは覚えていないのですが、

「佐久間君、送ってあげる」

と言われ、健さんが車で駅まで送ってくださることになりました。お車はポルシェだったと思います。私はまだ新人ですから、ドキドキしながら助手席へ乗り込みました。撮影場所から駅までは距離があり、汽車の時間にはだいぶ余裕があります。そうしたら健さんが、

「ちょっとドライブして行こうか」

とおっしゃって、夕暮れの海岸へ車を走らせたのです。まるで映画の一場面みたいで、私はウットリしてしまいました。ところがその道すがら、

「僕だって、辛いことはあったんだよ」

と、なぜかご自分の失恋の話が始まったのです。

お相手は、松竹所属の女優さんでした。健さんはその女性のために、貯めたお金でクリスマスプレゼントにペンダントを買ったそうです。それを持って彼女の部屋へ行くと、なんと別のスター俳優がいらしたというのです。健さんは悲しみと腹立たしさ

のあまり、そのプレゼントを多摩川に「エイヤーッ！」と投げ捨ててしまった、というお話でした。

私は「これほどの二枚目でも失恋することがあるのね」と、妙に感心してしまったのを覚えています。そんなご自分の経験を、なぜ私に打ち明けたのかわかりません。もしかして失恋話で、気を惹こうとなさったのかしら。そんなことはひと言もおっしゃらなかったし、まだ幼かった私は緊張するばかりで考えが及びもしませんでした。

アドリブの天才・渥美清さん

東映は喜劇にも力を入れていて、私も「次郎長社長と石松社員」というサラリーマンもののシリーズに何本も出ました。東宝が森繁久彌さん主演で大ヒットさせていた「社長シリーズ」の向こうを張ったのでしょう。社長が進藤英太郎さんで、若手社員が萬屋錦之介さんの弟の中村嘉葎雄《かつお》（当時は賀津雄）さん。私は、恋のお相手となるエレベーター・ガールでした。

『喜劇急行列車』『喜劇団体列車』（どちらも一九六七年）、『喜劇初詣列車』（一九六八年）は渥美清さんが主演で、私は三作とも出ています。

渥美清さんは普段から映画の通りに面白い方で、現場では笑いが絶えません。ご自分でどんどん工夫されて、滑稽なお芝居で笑わせてくれるのです。監督も渥美さんにお任せでした。アドリブを自在に繰り出されるのですが、決して共演者に迷惑をかけるようなアドリブではありません。

渥美さんは三作とも国鉄の職員役で、一作目の『急行列車』では東京から長崎へ行く寝台特急「さくら」のベテラン車掌です。たまたま列車に乗り合わせた、かつての憧れの存在・毬子《まりこ》という女性が私。渥美さんは車掌室にこもって毬子への熱い思いを滔々《とうとう》と語るのですが、独り言のつもりだったのに車内放送のマイクがオンになっていたため、すべての乗客に聞かれてしまって大爆笑になる――という名場面は、渥美さんのアイディアでした。

真面目に演じるほど可笑《おか》しいのが、渥美さんの持ち味です。目を合わせるとつい吹き出してしまうので、私は目線を合わせた芝居のときは手の甲をつねって、笑いをこらえていました。そのせいで、手はあざだらけになってしまいました。

あの映画のころから、お身体はあまり丈夫ではなかったようです。そのことを意識してご自分を大切にされている様子が、見て取れました。

ストーリーはほとんど車内で展開しますから、撮影のためにわざわざ車両を借りました。国鉄が協力についていたので、融通が利いたのです。ただし終列車が出てから撮影が始まるので、昼夜が逆転してしまったのは困りました。

このシリーズは、大川博社長が国鉄出身という縁で作られたようです。国鉄が協力しているだけあって、駅の売店で前売り券がかなりさばけたと聞きました。二作目は愛媛、三作目は新潟を舞台にしたように全国各地でロケができますし、ヒットしたのですから、シリーズはもっと続けられたはずです。

ところが東映は渥美さんの面白さをじゅうぶんに活かせず、松竹に取られてしまいました。『男はつらいよ』は、シリーズ最終作『初詣列車』の翌年から始まっているのです。正義漢で照れ屋で女性に奥手というキャラクターも、寅さんにそのまま受け継がれています。

私を殺しかけた三國連太郎さん

『五番町夕霧楼』の翌年、同じ水上勉さん原作の文芸大作『越後つついし親不知《おやしらず》』に主演しました。メガホンは『また逢う日まで』や『ひめゆりの塔』で有名な今井正監督です。

あの映画には、寒い思い出と苦しい思い出しかありません。何しろ、二度も殺されかけたのですから。

雪深い越後の寒村が舞台です。冬の間、この村の男たちは、京都伏見の酒蔵へ出稼ぎに行きます。新劇のベテラン小沢昭一さんが演じる私の夫・留吉《とめきち》も、三國連太郎さん演じる隣家の権助《ごんすけ》と一緒に出稼ぎです。ところが権助は身内に不幸があって一時的に帰郷し、雪道で行き会った私を手籠《てご》めにするのです。

その場面のロケは、まず新潟の糸魚川《いといがわ》で行なわれました。完璧主義で知られる今井監督は、押し倒された私が埋もれるくらい深い積雪を欲しがったのですが、半月ほど雪待ちしても降らず、ロケ隊は山形の最上川のほうへ移動しました。

「いっぺんでいいですけ。誰も見ちゃおらんすけ」

と、三國さんが力ずくで私を押し倒して首を絞めるので、苦しくてたまりません。ところが今井監督は、さらに厳しい注文を出すのです。

「カット！　あのさ、連ちゃん、もっと激しく頼むよ。ウサギを追いかけるオオカミみたいにさ」

二十回もやり直してまだOKが出ず、このシーンの撮影は三日も続きました。

「ああ、もう殺される」と私は観念しました。

何度繰り返しても、三國さんの口から、たらーっとよだれが垂れます。それは、おぞましい欲望を表す演技なのでした。三國さんが演じた権助は本当に嫌な男で、その嫌な感じを出すのがお上手すぎて、三國さんご本人を嫌だと思ってしまうほどでした。

権助のせいで私は身ごもってしまい、夫の留吉から、不義を働いたのではないかと疑われます。田んぼの中に顔を押し付けられ、

「本当のことを言え！」

と詰め寄られるのです。

私は痩せていましたから、農婦の雰囲気を出すため、着物の下に綿入れを何枚も着てずんぐりした体形に見せていました。その姿で田んぼに倒れ込むと、綿に水が染み込んで重くなるので、「カット」がかかっても自分で立ち上がれません。しかも雪解けの季節でしたから、身体まで染み通ってくる水の冷たさといったら。

顔を押し付けられる泥は、メリケン粉にチョコレートを混ぜてそれらしく作ったものですが、力ずくで押さえ付けられるせいで、息ができません。そのシーンも四十回ほど繰り返しました。

「ああ、今度こそ死んでしまう」私はまたも観念しました。

『越後つついし親不知』は評価が高く私の代表作に数えられていますが、実はあまり思い出したくない映画です。

その次に三國さんと共演したのは、『愛欲』(一九六六年)です。この映画での三國さんは、食品会社の宣伝課長を務めるスマートなサラリーマンで、私と三田佳子さんと三角関係になるお話です。

『越後つついし親不知』とまるで役柄が違えば、カメラが回っていない場所でもまるで別人でした。休憩時間に私がスタッフと楽しくしゃべっているだけで、ヤキモチを焼いて、

「佐久間君、あのね、僕以外の人と口をきかないでちょうだい」

それればかりか、台本の裏をビリビリと破いて、好きだとかなんだとか能書きを書いて渡してくるのです。「あの権助が、よくぞ言えたものね」と、私は呆れてしまいました。

ある日ベッドシーンの撮影をしていたら、スタジオの二階に据えてある大きなライトが、突然割れてしまいました。すると三國さんは、反射的にパッと私をかばってくれたのです。積もった雪の中へ私を押し倒した権助とは全く違う、優しい動作でした。

恋人役を演じるなら普段から本当の恋人のようになって、それが演技に活かされるのが三國さんなのです。役者が変貌するのはさんざん見てきましたが、あそこまで徹底して役に入り込む俳優はほかに知りません。ある種の狂気を感じたものです。

台詞を全く覚えて来ない丹波哲郎さん

丹波哲郎さんは、飄々《ひょうひょう》としておおらかな方でした。撮影には必ず、一時間以上も遅れて来ます。「どうしてこんなに待たされるんだろう」と役者もスタッフも焦《じ》れたところへ、何事もなかったかのように、

「ああ、おはよう、良子ちゃん。元気?」

と明るく入っていらっしゃるので、どこか憎めません。

その上、台詞を全く覚えていらっしゃらない。何しろ台本を読んだことがなく、役作りもしたことがないというのです。演技の段取りをつける助監督の苦労は、並大抵ではなかったはずです。現場に来てから「この映画はどういう作品？」と尋ねたり、出来上がりをご覧になって「こういう話だったのか」とおっしゃることもあったようです。

私が共演した『黄色い風土』（一九六一年）では、丹波さんが週刊誌の編集長で、鶴田浩二さんが記者の役。『愛欲』（一九六六年）では、三國連太郎さんの親友のサラリーマン役でした。台詞を完璧に覚えてくる鶴田さんとも、とことん役作りにのめり込む三國さんとも、見事に芝居を成り立たせてしまうのですから、面白い役者さんです。

後年は『丹波哲郎の大霊界』という本がベストセラーになるなど、心霊研究でも有名になりました。そういえばあのころにも、撮影スタジオの二階にいる照明部の子に向かって催眠術をかけて、その子が居眠りを始めてしまったことがあります。とても破天荒で、不思議な方でした。

優しかったジョージ・チャキリスさん

アメリカから招いたジョージ・チャキリスさんと共演したのは、一九七九年に東京宝塚劇場で上演された『白蝶記』です。チャキリスさんといえば、ミュージカル映画の名作『ウエスト・サイド物語』（一九六一年）のベルナルド役で、アカデミー賞の助演男優賞に輝いた大スターです。そんな大物が日本の舞台に一か月も立つというので、大変な話題になりました。

私は外国の俳優と共演するのが初めてでしたが、この舞台はプッチーニの『蝶々夫人』をモチーフにした物語ですから、私の台詞は日本語。チャキリスさんはそのまま英語での芝居でした。甘いラブロマンスなので、言葉が通じなくても気持ちは通じるのです。

私もいろいろな男優さんを相手役に迎えましたが、あれほどやりやすいお相手は後にも先にもいません。西洋の方の女性への愛情表現は芝居ではなく、生活習慣から自然に沁み出してくるからでしょう。私がふっと動くと、すっと手を取ってくれたり、こちらの感情をそれは上手に汲んでくださるのです。

海軍の制服を着た立ち姿は、残念ながら日本の男性には表現できないシルエットでした。クロード・チアリさんのギターに合わせて踊る場面では、長い手足を駆使されて、さすがの身体のキレに感嘆しました。

帝国ホテルに宿を取っていらしたのですが、体形のことも気にしてあまり召し上がっていないと聞きました。「何を食べてるの?」とお尋ねしたら、「ポテトサラダだけ」と言うのです。それでは一か月の公演は持たないと思った私は、お弁当を作って楽屋へ差し入れました。太らずにスタミナがつく日本料理を考え、おにぎりと一緒に届けたのですが、

「こんなことをしてもらったのは初めてだ」

と、とても喜んでくれました。

客席は連日満員。終演後、チャキリスさんが出てくるところを一目見ようと、宝塚劇場の前は人波で埋まって大渋滞です。ブロードウェイのシステムに慣れているチャキリスさんは、「これほどヒットしているのに、なぜロングランしないのか」とプロデューサーに詰め寄っていました。

最後に、ルビーが三つもついたネックレスを私にプレゼントしてくださって、こうおっしゃいました。

「アメリカやヨーロッパのいろいろな女優さんと共演したけれど、佐久間さんが一番素敵でした。あちらの女優は自分さえ目立てばいいという人ばかりで、相手役のことなど考えていない。そういう意味でも、一緒にドラマを作り上げてくれる佐久間さんは、すごくやりやすかった」

私にとっても、忘れがたい思い出です。

私が先生と呼ぶ三人の大女優

私には、先生とお呼びする女優が三人います。田中絹代先生、杉村春子先生、山田五十鈴《いすず》先生です。

田中絹代先生とは、『母子草《ははこぐさ》』という映画で一度だけ共演しました。一九五九年公開ですから、私はデビュー翌年の二十歳のとき。監督は、名優としても知られる山村聰《そう》さんでした。田中先生が母親役で、私が長女。東映ニューフェイス同期の水木襄さんが長男という配役です。父親は亡くなっていて、母親が洋裁店を営んで三人の子どもを育てています。一番下の弟だけが母親の実子で、私と水木さんは訳あって血が繋がっていません。高校生の私はそのことに気付いて悩み……というストーリーです。貧しい四人家族が四角いテーブルを囲んで食事する場面を、今も思い出します。

富士山の麓が舞台なので、一か月間のロケがありました。田中先生はその間、設定通りに家族として生活してくださいました。睦子という役の私を「むっちゃん、むっちゃん」と呼んで、役柄に入り込んでくだすったのです。映画の筋通りの優しいお母さんが、一緒に暮らしているようでした。

田中先生はそのとき五十歳。あれだけのキャリアを積まれた大女優なのに、偉ぶるところなど少しもなく、デビューしたばかりの水木さんと私への接し方も本当に丁寧でした。そして優しさの中にも、独特の品のよさと威厳をおもちでした。

撮影の合間にお弁当をいただくにも私はずっと一緒で、片時もお傍を離れませんでした。演技について教えていただいたり、ただ単に甘えたり。いい思い出です。

映画雑誌は私の演技を、「精神的に不安定な時期の乙女心の揺れ動きを、感傷を排し、初々しく演じた」と評価してくれました。ひとえに田中先生のおかげです。共演がこの一本だけで終わってしまったことは、本当にもったいなく思っています。

「女優なんて苦しいことばかり」

映画育ちの私にとって、初めての本格的な連続テレビドラマが『徳川の夫人たち』（一九六七年・NET＝現在のテレビ朝日）でした。私の役はお万の方といって、京の公卿《くぎょう》の家に生まれて十三歳で尼になりながら、十七歳のとき三代将軍・家光に見初められて側室になり、大奥で権勢を振るうという数奇な運命の女性です。

杉村春子先生が春日局《かすがのつぼね》。岩崎加根子さんが侍女の藤尾を演じてくださいました。ベテランに囲まれて、私は心強い限りでした。セットや衣装にもお金がかかっていて、視聴率は三〇％を超える人気ドラマとなりました。

このとき杉村先生の演技に魅せられて以来、先生の舞台は必ず拝見するように努めました。先生も私の渾身の舞台『唐人お吉』に足を運んでくださり、「役者を見た」という素晴らしい感想をくだすったのです。

そのあと杉村先生が新橋演舞場にお出になっていたとき、楽屋へお訪ねしたことがります。とても喜んでくだすったのですが、周りに人がいなくなると、こんなことをおっしゃいました。

「女優って、楽しいことなんて少しもありはしませんね。苦しいことばかりよね。もし楽しいことがあるとすれば、楽しい話を聞かされる前が、一番楽しい」

杉村先生は文学座という劇団を率いていたので、若手を育てることをいつも意識していらっしゃいました。私などには窺い知れないご苦労も、おありだったのでしょう。

山田五十鈴先生は、恋多き女性として有名でした。ご一緒していた帝劇の公演が終わってから、有楽町にある夜景のきれいなレストランへみんなで行ったことがありま す。私たちは劇場からそのまま普段の服装で行ったのですが、山田先生はきれいなお着物に着替えていらっしゃいました。そして夜景をご覧になった途端、

「わあ、恋人と一緒に来たいわ」

とおっしゃったのです。ご結婚だけで四回。いつも恋の気配を漂わせていましたから、独特の色気をおもちだったのも納得です。

私が先生とお呼びする三人はどなたも歴史に残る名女優ですが、特に共通点を感じているわけではありません。私にとって、先生と呼ぶか呼ばないかの違いは、尊敬できるかどうかです。役者としてだけでなく、女性としても、人間としても。演技を真似たいのではなく、生き方を学びたいと思うからです。

舞台の座長には四つの目が必要

自分が舞台公演で座長を務める立場になってから、先生方の偉大さがいっそうわかるようになりました。

座長には、目が四つなければいけません。客席のほうを向いている前の目ふたつのほか、うしろに二つ。自分以外の役者さんたちがどう動いているか。スタッフも含めて、どこかにトラブルがないかを察知する目です。

座長が気付かない部分で何かが起こっていれば、それはすべて舞台の上に現れます。

ですから自分の芝居以上に、じゅうぶん注意を払わなければいけないのです。

私はいつも、自分の楽屋を開放していました。緞帳《どんちょう》が下り、各自の楽屋へ帰ってパッパッと顔を落としたら、飲める方は私の楽屋に集まってもらって飲み会をするためです。みんなはそれが楽しいし、私には全体を把握するという目的があります。「ああ、あの人は飲みが足りないな」と思うと、ついついお酒を濃い目に作ってしまいます。自分が強いものですから、同じ濃さにして飲ませると他の人たちは倒れてしまうことがあります。まあ、そんなことも楽しいのです。

座長の私より、ずっと年上の役者さんもいらっしゃいます。皆さん、本当に芝居が好きで長く続けている方たちばかりです。そういう方が周りにいてくださるから、座組みは上手く回るのです。

舞台慣れしていない若い役者さんが加わる場合もあります。そういう方にはあまり細かいことを言いません。自分で学べるような空気を作ってあげることが必要だと思うからです。

結局、大切なのは和です。舞台に上がることを「板の上に乗る」と言いますが、ひとたび板の上に乗ったら、いい芝居になるかどうかは、和が決めると思っています。

後ろ姿で演じる難しさ

演技は人の内面を表現するもので、役者も人間ですから、人生経験が演技に出ます。人が人を演じる以上、最後は人に行き着くのです。

立ち居振る舞い、歩き方、それに何といっても後ろ姿に、人生が出ます。身体の正面なら演技ができますが、客席に背を向けたときの後ろ姿は自分には見えません。だから、その役者の〝素〟が現れるわけです。背中で演技をする。難しくてなかなかできませんけれど、とても大切なことだと思っています。

役をいただくとき、自分に近い人物の場合と、全く違う人物の場合があります。私はだいたい役を自分のほうへ引っ張ってしまうので、いつまでも演技が上手くなりません。本当は、自分が役柄へ入っていくべきなのでしょう。

『人生劇場』のおとよにしても『五番町夕霧楼』の夕子にしても、私自身とまったく接点のない世界に生きる女性です。この女の人は、どういう家に住んで、どういう食べ物が好きなのだろうか。そんな想像をすることから、役作りが始まります。

そして現場に行って、髪を整えメイクをして扮装をして、セットへ入っていく間に、自分が自然とその役柄に〝成れて〟いくのです。計算から入ると気持ちが伴わないので、心が通じない役になってしまうように思います。結局、演じることが好きなのですね。嫌だったら、この歳まで女優を続けていないはずです。

やってみたい役は、まだまだあります。たとえば私は、これまで悪人を演じたことがありません。といっても根っからの悪人ではなく、止むに止まれぬ理由で罪を犯してしまったような、深みのある役がやってみたい。あるいは、男の人を次々と手玉に取る悪女とか。

私には似合いませんか。

平幹二朗さんと結婚、そして出産

私は、一九七〇年四月に俳優の平幹二朗さんと結婚し、七四年に双子を授かり、八四年に離婚しました。〝人生の共演者〟としては、お互いに不適格でした。

平さんとは離婚後も舞台で共演する機会があり、「別れた相手なのに、なぜ?」と不思議がられました。離婚した夫婦は顔も合わせないのが、世間では普通だからでしょう。

その疑問にお答えするなら、「平さんへの愛情は役者としての尊敬から生まれたので、夫婦としての感情が消えたあとも、役者としての尊敬は残ったから」ということになるでしょうか。亡くなったから言うわけではなく、平さんは俳優としては本当に優れた人でした。

前にも書きました通り、私は男性に惹かれるとき、仕事ぶりへの尊敬が愛情へ変わっていく場合が多いのです。

平さんとは、一九六一年のアニメ映画『安寿と厨子王丸』や一九六三年の映画『人生劇場　続　飛車角』でも共演していますがあまり印象に残っていません。意識するようになったのは、テレビドラマ『皇女和の宮』と『お吟《ぎん》さま』（どちらも一九六八年・NET＝現在のテレビ朝日）からでした。

五つ年上の平さんはとにかく仕事に真面目で、礼儀正しく、入念に役作りをし、ひたむきに演技なさいます。新劇出身者らしく、口を開けば演劇論が止まりません。頭のいい人でしたから、難しい本もたくさん読んでいました。

私が所属していた東映は男性路線で、ヤクザ映画やギャング映画の男優さんとばかり仕事をしてきましたから、全く違う人種に見えました。クールな見た目とは裏腹に、平さんには私を笑わせる三枚目の顔もありました。言ってみればすべてが新鮮で、魅力的だったのです。

撮影の合間に言葉を交わすようになり、いつしか二人だけで会うようになりました。

幼いころに父親を亡くした平さんは、青山のマンションでお母さまと暮らしていました。家族の団らんを欲しているのかもしれないと考えた私は、練馬の家に招待して母の手料理でもてなしたりしたものです。

独身同士のデートは気兼ねもないのでとても楽しく、私も忙しい身だったのに、あるときは五時間待たされても平気でした。あれは竹橋のレストラン・アラスカで待ち合わせた夜です。

平さんは、所属していた俳優座を辞めてフリーになるかどうか、悩んでいました。私がお世話になっていたマネージャーの吉田名保美さんを介して独立後、劇団四季の浅利慶太さんが演出する『ハムレット』の主役に抜擢されました。その『ハムレット』の打ち合わせが長引いて、五時間の遅刻になったのです。

今と違って携帯電話もない時代、連絡が取れなければ待つ以外に、会う手立てはありません。ひたすら待たされることさえ楽しかったのは、恋に夢中だった証拠でしょうか。

やがて二人は、ロンドンへ逃避行します。別々に旅立ったあと、二人とも大好きだった映画『哀愁』の中でヴィヴィアン・リーとロバート・テイラーが出会ったウォータールーブリッジを、待ち合わせの場所に決めたのです。

結婚した後より結婚する前のほうが、ドラマチックでロマンチックな関係でした。

結婚は巨人戦が中止になったせい？

平さんは『ハムレット』の役作りのため、原作の舞台であるデンマークのクロンボー城を視察してから、ロンドンを訪れる予定でした。

私は東映の大川博社長たちと一緒に、メキシコの映画祭に出席していました。そこから一人で、ニューヨークを経由してロンドンへ向かったのです。

ところが、メキシコを出国する時点からトラブル発生です。日本大使館の方が空港へ送ってくれたまではよかったのですが、なぜか飛行機に乗れません。パスポートも搭乗券もあるのに、空港の職員が私だけ乗せてくれず、ニューヨーク便は次々に飛び立っていきます。

いつの間にか六時間も経ってしまい、ニューヨーク行きはいよいよ最終便。ふと気付いたら、飛行機に乗り込んで行く人たちは、職員に何か手渡しています。正式な手数料なのか、チップなのかわかりません。私も見よう見まねでポケットにあったお金を手渡すと、なんとか乗り込むことができました。

ようやくニューヨークに着いたものの、予定していたロンドン行きの便はとうに出発したあと。困り果てている私に、一人の空港スタッフが優しく手を差し伸べてくれました。身振り手振りの私の説明を理解してくれて、別のロンドン行きに乗れるよう手配してくれたのです。今思えば私の大好きな俳優モーガン・フリーマンによく似た優しい瞳の彼のおかげで、私はなんとかロンドンへ辿り着くことができました。

ウォータールーブリッジの真ん中で平さんの胸に飛び込み、息を弾ませながら珍道中の顚末を語りました。平さんは苦笑しながら聞いてくれました。

ふりかえればあのころが、幸せの絶頂だったかもしれません。

結婚が決まったのは突然で、新聞記事のせいでした。確か雨で巨人戦が中止になった翌日、報知新聞の一面に二人が結婚するというスクープが載って、私自身がびっくりしたのです。

すぐ東映の大川社長に呼ばれて「どうなの?」と訊かれ、「いや、まだ決めてません」と言っているうち、何となく引っ込みがつかなくなってしまいました。正式なプロポーズがあったかどうか、今ではそれも忘れてしまいました。

新婚旅行中に早くも綻びが

結婚式は一九七〇年四月十六日に、赤坂の霊南坂教会で挙げました。仲人は大川社長ご夫妻にお願いしました。新居は世田谷の下馬に建てた、平さんの設計による白いスペイン風のお家です。

1970年４月16日、赤坂で

新婚旅行はヨーロッパ一周です。フランス、イタリア、スペイン、ポルトガルと回ったのですが、初《しょ》っ端《ぱな》のフランスからケンカが始まりました。

パリのシャンゼリゼ通りに、フーケという老舗のカフェがあります。そこでお茶を飲んでいたら、平さんの向こうに、見たことのある男性が座っています。

「あ、アラン・ドロンだ！」

ミーハーな私は飛び上がってしまい、サインをねだろうと思いました。平さんに、

「ねえ、ちょっとちょっと。紙、紙」

と声をかけたら、

「ここは便所じゃない！」

と冷たく一喝されました。それがトラブルの始まりです。

先ごろ亡くなったアラン・ドロンはあの当時、世界を代表する二枚目スターです。平さんとしては、そんなことで騒ぐんじゃないという態度をとったのですが、要はヤキモチです。

その次がローマでした。私は真っ黄色のコートを着て二人で歩いていて、誰かに道を尋ねたのかもしれません。たちまち大勢の男性が寄ってきて、口々に「こっちへ行ったほうがいい」「いや、あっちだよ」などと言います。イタリア人ですから、私に向かって口笛を吹いたりします。それがまた平さんには面白くないので横を向いてしまい、ホテルに帰るとケンカが始まるのです。

旅行中の十一月二十五日、市ヶ谷の自衛隊で、お世話になっていた三島由紀夫さんが亡くなりました。スペインのグラナダでしたか、有名なホテルで夕日を見ていたら、平さんが「三島さんが亡くなったらしいよ」と教えてくれました。あちらでもニュースになっていたのです。

旅行の疲れもあったでしょうし、私も若くてワガママだったからいけないのです。いろいろなことが起こって、ケンカばかりの新婚旅行でした。日本へ帰り着いた途端、正直「ああ、練馬の実家へ帰りたい」と思いました。新生活が始まっても、二人の意識のずれは広がるばかりでした。

双子の子育てと仕事への復帰

子どもは欲しいと思っていましたが、いっぺんに二人とは予想もしませんでした。双子の子育ては戦争みたいです。三時間おきに授乳なので、私はまとまった睡眠が取れず、たちまちヘトヘトになりました。子育てと仕事の両立は、今の時代でも女性にとっての難題です。ましてあの当時、女性は結婚したら仕事を辞めるのが普通で、出産後も働くのは珍しいことでした。女優という特殊な商売でも、結婚すれば娘役が回って来なくなるのではとか、出産でお休みしたら人気が落ちるのではと心配されるのが当たり前でした。

けれども私には、そうした考えはありませんでした。結婚も出産も女性なら普通のことと捉えていましたし、実際に仕事が減るなどの影響はなかったように思います。産休をもらえたのは半年だけでした。むしろ仕事が待ってくれません。出産して三か月後くらいから次のテレビドラマの台本が届き始め、やらざるを得なくなったのです。

結婚や出産、子育てを経験したことで、どんな物事でもおおらかに考えるようになった気はしています。思い通りにならないことが多いため、逆にくよくよすることがなくなり「まあ、いいや」と受け止められるようになったのです。

お手伝いさんに頼る部分も多かったので〝女手ひとつで〟とは言いませんが、育児と再開した仕事で、私は精一杯になりました。平さんとの間には、ますます隙間が広がっていきました。

泣いている余裕もなかったあのころ

辛いときに泣くのは、まだ甘えがあるからだと私は思っています。本当に大変で本当に辛いと、泣けなくなります。離婚を決めたときの私がそうでした。涙など一滴も湧いてこないのです。まだ小学校四年生の子どもが二人もいましたから、泣いている余裕さえなかったのかもしれません。

平さんと不仲の時期が続いて、週刊誌などでも取り沙汰されるようになっていました。母やきょうだいは心を痛めたと思いますが、迷惑をかけてはいけないと思ったので、ひと言も相談せずにいました。

家の中には、ぎくしゃくした空気が流れています。子どもたちの様子にも、少し変化が出てきました。家のことが原因のストレスだな、と思いました。

子どものためには両親が揃っていたほうがいいと私は信じ、夫婦関係が破綻《はたん》しても家族という形だけは保とうと考えていました。けれどもこのままでは、子どもたちをさらに追い詰めてしまいます。ずいぶん迷った挙げ句、「子どものためにも、別れたほうがいい」と辛い決断をしたのです。

ある朝、平さんには告げず、二人の手を引いて下馬の家を出ました。荷物は最小限、子どもたちがその日に学校で使う物だけ。新生活に必要な物は、前もって麹町に借りておいたマンションへ運び込んでありました。

私は帝劇で公演中だったので、十二時半開始の昼の部に出るため、子どもたちを小学校へ送ってから十時に楽屋入りしました。下馬の家から登校した子どもたちは、学校が終わると麹町の新しい住処へ帰宅したわけです。子どもたちは何も訊かず、私も説明しませんでした。

もう後戻りはできません。私一人でこの二人を守っていかなければ、と心に誓いました。疲れて帰ってから子どもたちの寝顔を見ることだけが、私が元気を取り戻す糧《かて》となりました。

離婚記者会見で生まれた誤解

誰が決めたのかわかりませんが、平さんと並んで離婚の記者会見を開くことになりました。結婚するときは盛大に報じてもらったのですから仕方ないかもしれませんが、プライベートな話に慣れていないので緊張して、何を言ったか覚えていません。平さんは、

「人生の共演で失敗したが、芝居での共演相手としては最高だった」

と言ったようです。私もその点は同じ思いでした。

役者としてはすごい人でしたが、家庭という枠に押し込められてしまう人ではありませんでした。一人で好きなように芝居を突き詰めるのが、似合う人だったのです。もちろん結婚相手が私じゃなければ、どうなっていたかわかりませんが。平さんはその後も、俳優としてさらに伸び伸びと仕事をされました。お互いのために離婚してよかったと、今では思っています。

その後の報道では、会見が終わって立ち上がった際、平さんが握手を求めたのに私が拒否したと書かれていました。「佐久間良子には不満があるようだ」という内容でした。

それは間違いです。私はもう歩き出そうとしていて、平さんが手を出したことに気付きませんでした。それなのに「差し出された手を振り払った」と書いている記事までありました。会見場にいた記者たちはちゃんと見てわかっていたはずなのに、ずいぶん意地悪な書きようです。

平さんが手を出したのに気付いていたら、私は握手したと思います、一応は。

あれはスイスへ行ったときかしら、お爺さんとお婆さんが見事な雪景色を眺めながら何も言わずにお茶を飲んでいる姿を見て、「ああ、一緒に歳を取ってあんなふうに老後を迎えられたら、すごく素敵だな」と思いました。羨ましいというより、憧れでしょうか。残念ながら、私には手に入れることのできなかった未来です。

母親としても精一杯

子育てが最も大変な時期と、仕事が最も忙しい時期が重なるのは、女性にとって宿命みたいなものでしょうか。

私は自分なりに、子どもたちの前では決して台本を開かないと決めて、実行しました。仕事は仕事、家庭は家庭と区別して、家にいて子どもたちが起きている時間は母親に徹しようと考えたのです。どれほど眠くても、どれほどたくさんの台詞を覚えなくてはいけない日でも、子どもたちが寝付くのを待ってから台本を開いていました。

とはいえ、外に出て働かなければいけませんから、専業主婦のお母さんのように子どもの面倒を見ることはできません。家ではお手伝いさんに任せたところも多かった分、学校との連絡や授業参観などの行事への参加は、欠かさないように心がけました。

舞台の公演スケジュールを組む際に、保護者会の予定日を休演にしてもらったこともありました。保護者会のあとに先生方との懇親会があれば必ず顔を出して、「平のお母さんはお酒が強いからなあ」と言われたりもしました。先生方とのコンタクトを密にして、子どもたちの学校での様子を少しでも多く知っておきたかったのです。

NHK大河ドラマで主演して欲しいという依頼を受けたのは、子どもたちが幼稚園に通っているときです。脚本は橋田壽賀子先生で、豊臣秀吉の正室ねねの生涯を描くドラマです。タイトルは『おんな太閤記』。大河ドラマ史上初めて女性が主役を張る作品の主演女優として、私に白羽の矢が立ったのです。

マネージャーの吉田名保美さんは、

「この仕事を断わるくらいなら、女優なんか辞めたほうがいい」

と厳しく励ましてくれました。

子育てに忙しかった私はなるべく家を空けないように、地方公演もある舞台の仕事は避けていました。けれどもドラマなら、時間はたくさん取られるものの地方ロケは少なく、家からなんとか通えます。女優冥利《みょうり》に尽きる仕事ですから、お引き受けすると決心しました。

息子に「四年は帰って来るな」

息子の岳大は小学校からサッカー部に入って、熱心に活動しました。朝六時ごろ出かけて朝練をこなし、授業のあと午後練を終えて家に着いた途端、疲れてバタンキューです。私は「ご飯を食べたら寝なさい」ばかり言っていて、「勉強しなさい」という言葉は一度も口にしたことがありません。

中学校に進んでもサッカー部に入って、Aチームで活躍しました。ところが対外試合で得点すると、スタンドで観戦している相手チームの保護者から、

「あの子は、平幹二朗と佐久間良子の息子よ」

と囁《ささや》く声が聞こえるそうです。どんなに活躍しても、自分が自分として評価されない。常に色眼鏡で見られることに、とことん嫌気が差したようでした。まだ中学一年

生だったのに、

「日本の高校には行かない。留学する」と言い出しました。

「留学してどうするの」と訊くと、

「医者になる」

「お医者さんになるんだったら、日本の学校だっていいじゃない」

けれども思春期のあの子の腹の中では、有名人の二世として見られるのはご免だという思いが強かったのです。そもそも、なぜ医者なのかといえば「俳優から最も遠い職業に思える」という理由だったのですから。

「あなたは英語は全然できないし、そもそも英語が嫌いでしょう?」

と言っても聞きません。夫婦なら二人で話し合うことができますが、私は何でも一人で決断しなければいけません。すったもんだの話し合いを一年も繰り返した挙げ句、誰にも頼れない場所で自分を鍛えて強くすることができるなら、このまま日本にいるよりいいだろうと考えました。岳大は自分で自分に打ち克《か》っていける子だ、という信頼もありました。そこで、条件をふたつ出しました。
・日本人が一人もいない学校を選ぶこと。
・四年間は帰国してはいけない。
留学先で日本人同士で群れていたら、英語など身につくはずありません。中途半端な気持ちで行って、逃げ帰って来るのもいけません。そんな戒めでした。

一緒に高校を探して、ボストン近郊にあるモーゼズ・ブラウン・ハイスクールを受験することにしました。学科試験と面接を受けるため私も一緒に現地へ行くと、見事な森に囲まれた名門校でした。

入学試験はもう終わっていたのですが、特別に追試をやってくださることになりました。岳大は理数系は得意だったのですが、英語が案の定いけません。

この子の長所をアピールするには、どうしたらいいか。実は出発前から、私は思案していました。小学生時代から努力を重ねてきたサッカーだろうと考え、優勝トロフィーなどをいくつか持って行って見せようと思ったのです。岳大に話したら、

「そんなみっともないこと、しないでくれ」

と言われたのですが、こっそりトランクに隠しておきました。三者面接の際、私は持参したトロフィーを取り出して、

「この子には、こんなに努力をする才能があります。今は英語ができなくても、絶対に大丈夫です」

と訴えました。入学許可が出たのはあれが決め手だったと、私は信じています。最後には岳大も「ありがとう」と言ってくれました。

息子が留学の支えにした一編の詩

岳大が小学生のとき、教科書に載っていた詩を気に入って、鉛筆で紙に書き写していたことがありました。相田みつをさんの「こんな顔で」という長い詩の一部です。

この顔は
かなしみに堪えた顔である
くるしみに堪えた顔である
人の世の様々な批判に
じっと堪えた顔である
そして
ひとことも弁解をしない顔である
なんにも言いわけをしない顔である
そしてまた
どんなにくるしくても
どんなにつらくても
決して弱音を吐かない顔である
絶対にぐちを言わない顔である

私は横から覗き込んで、

「素晴らしい詩ね。大切にしまっておきなさい」

と声をかけました。岳大はこのときの紙を、アメリカ留学中も財布に入れてずっと持ち歩いていたそうです。帰国後に見せてもらうと、折り目はボロボロで鉛筆の文字も掠《かす》れていました。

一人でアメリカへ旅立つ日は、いつもと同じように送り出しました。

「行ってくる」

「行ってらっしゃい」

特別な言葉をかけたら、余計な感情が溢れ出しそうでした。振り返らずに去って行く岳大の後ろ姿を、私は祈るような思いで見送ったのです。

三年後、ハイスクールを卒業した岳大は、アイビー・リーグの名門ブラウン大学の応用数学科への進学を決めました。そのころには英語もペラペラになって、電話帳のように厚いテキストを苦もなく読みこなしていました。

卒業式での息子の晴れ姿に涙

アメリカの卒業式は五月です。東海岸ロードアイランド州プロヴィデンスの街は、新緑が目にまぶしく、爽やかな風が吹いていました。

一七八四年に設立されたモーゼズ・ブラウン・ハイスクールは地元の名門ですから、卒業式は街全体のお祭りです。あちこちの教会からお祝いの鐘が鳴り響く中、丘の上に建つキャンパスを目指して、たくさんのお爺さんやお婆さん、おじさんやおばさんが、列をなして登っていきます。

この人たちは、すべてOB、OGです。卒業式に出席するために、わざわざ母校を訪れるのです。卒業年度が古い順から行進するので、今年の卒業生は一番後ろ。私が岳大の姿を見つけるまで、一時間半ほどかかったでしょうか。

黒い角帽にガウン姿の我が息子は、実に晴れがましく見えました。ここへ至るまでのさまざまな思い出が蘇った私は、涙が止まらなくなりました。キャンパスに着くと、みんなで一斉に角帽を空へ放り投げます。アメリカ映画でよく観た光景を目の当たりにして、感激もひとしおでした。

子育てと教育は、可愛い可愛いという気持ちだけでは成り立ちません。費用もそれなりにかかります。私は至らない母親でしたが、子どもたちがきちんとした大人になってくれて胸を撫で下ろしました。

親子三人の初共演に猛反対

離婚した平さんだけでなく、息子の岳大と三人で舞台に上がるなど、私は考えたことがありませんでした。特に岳大が役者になることに、私は大反対したのです。けれども、その後の活躍ぶりや先日のエミー賞のことを思えば、私の不明、母親ならではの杞憂《きゆう》だったと言うほかありません。

「三島由紀夫さん原作の『鹿鳴館』に出演して欲しい」

というオファーをいただいたのは、二〇〇一年の春です。このお芝居の主役である伯爵夫人・影山朝子は、初演で杉村春子先生が演じ、先代の水谷八重子さんが継いだ大役です。私は一九八二年の帝劇公演で、朝子に扮しました。演出は石井ふく子先生で、お相手の影山伯爵は芦田伸介さんでした。

舞台は四幕もあり、いただいた台本も百ページ以上ある分厚さで、三島さん特有の流麗で格調高い台詞が並んでいます。普通はひと月ほどの稽古期間をひと月半以上取っていただき、特訓を重ねて臨みました。

その『鹿鳴館』の再演に出ないかというお誘いです。演出は別の方ですが、お受けしない選択はありません。プロデューサーに、

「ところで相手役は？」

とお尋ねすると、思いがけない答えが返って来ました。

「平さんとの共演はどうですか」

離婚して五年後や十年後でしたら、お受けしたかどうか。けれど、もう十七年も経っていました。俳優としては変わらず尊敬していましたし、影山伯爵は適役だと思いました。夫婦の役を元夫婦が演じて話題性が先走る心配より、同じ役者として平さんに挑戦してみたい気持ちが湧き上がりました。

気になったのは、息子の久雄役を演じる俳優です。

「どなたがなさるんですか」

とプロデューサーにお尋ねしても、答えはありません。

五月末に制作発表会見が行なわれ、翌年五月に上演されることが発表されました。公《おおやけ》の場での平さんとのツーショットは、あの離婚会見以来でした。

その数日後、平さん、プロデューサーとの打ち合わせを兼ねた会食の席に、なぜか岳大が同席しました。平さんと食事するのも、離婚以来初めてです。ギクシャクした空気の中、中華レストランの丸テーブルを四人で囲んでいたら、岳大の口から衝撃の言葉が飛び出しました。

「実は、久雄役を僕が演じることになりました」

頭の中が真っ白になるとは、ああいう状態を言うのでしょうか。何も知らされていなかった私には、まさに青天の霹靂《へきれき》です。

「あなた、何のために留学までして勉強してきたの？　絶対に許しませんからね」

それだけ言うと、席を立って家へ帰りました。

岳大が平さんと二人で決めた役者への道

ブラウン大学を卒業後、岳大はコロンビア大学の大学院へ進みましたが、三か月ほどで辞めて帰国しました。

そのあと会社勤めをしたのですが、向いていなかったようです。結局「役者しかない。自分を納得させるために、この道は避けて通れない」という結論に至ったのでした。実は帰国する前も、しばしばブロードウェイへ芝居を観に行っていたそうです。

私は子どもたちが幼いころから、「役者になることだけは許しません」と言い続けてきました。親の七光りでデビューする人をたくさん見てきて、それだけで活躍できるほど甘い世界ではないと知っていたからです。どんな世界でも厳しいのは当たり前ですが、親と同じ道ではなく、もっと視野を広くして違う世界を選んで欲しいと願っていました。

実は岳大は、平さんには相談していたのです。初めは「やめとけ」と一蹴《いっしゅう》されたものの、時間をかけて説得したようです。その後、平さんから『鹿鳴館』の話があったのでしょう。平さんと岳大とプロデューサーは、とっくに打ち合わせ済みだったのです。問題は、必ず反対する私をどう説得するか。実はそのために、四人での会食がセットされたのでした。

以来二か月ほど、私は岳大と口をききませんでした。ただし冷静になってみると、私自身が親の反対を押し切って芸能界入りしたことに思い至りました。あのときの私は高校生でしたけれど、岳大はもう大人で、自分の人生を決める権利があります。結果がどうなろうと責任をもつのも自分ですから、決断を尊重すべきだと考えることにしたのです。

『鹿鳴館』の稽古に入った岳大は、平さんと演出家から相当厳しく叩き込まれたようです。私は細かな指示をした覚えはなく、「姿勢を良くしなさい」と言ったくらいです。背が百八十センチ以上ある岳大は、芝居に集中すると前のめりになるクセがあったからです。

舞台『鹿鳴館』

稽古期間は一か月しかありませんでしたが、岳大はあの難役をものの見事に演じ切りました。血は争えない、ということかもしれません。私は「もう何も言うまい」と諦め、応援することに決めました。

離婚後初の大ゲンカは人前で

私と平さんは『鹿鳴館』の公演中、一度だけ大ゲンカを演じました。それも中日《なかび》のパーティの席で。きっかけが何だったか、もう覚えていません。離婚するときにきちんと話し合いをしなかったツケでしょうか。十七年間溜め込んだ鬱積のようなものが、お互いに爆発したのです。皆さんにご迷惑をおかけしましたけれど、共演者の近藤正臣さんが間に入って上手く収めてくれました。正臣さん、あのときはありがとうございました。

出演者と関係者のパーティですから、岳大もその場に居合わせました。幼い子どもたちの前で夫婦ゲンカをしたことはありませんから、大人になって初めて、父と母が本気でケンカする姿を見たわけです。ま、駆け出しの役者には、いい勉強になったのではないかしら。

岳大は、苦手だった英語を留学時代にマスターしたおかげで、ハリウッドでの仕事にも苦労しなくなりました。台詞の発音はもちろん、撮影現場でのコミュニケーションや面倒な交渉事まで通訳なしにこなせるのは、外国人の俳優として大きなアドバンテージです。

二〇二〇年にはネットフリックスの『Ｇｉｒｉ／Ｈａｊｉ』というオリジナルドラマに主演して、イギリスアカデミー賞テレビ部門の主演男優賞にノミネートされました。同じ年には、今後の活動を海外中心にするため、家族でハワイへ移住しました。『ＳＨＯＧＵＮ　将軍』のエミー賞の授賞式も、ハリウッド映画の撮影の合間を縫って、オーストラリアから短い日程で駆けつけて来ました。この先も『ＳＨＯＧＵＮ　将軍』の続編を含め、ずいぶん先まで仕事が決まっているそうです。ニューヨークのエージェントや弁護士と契約して、日本よりずっと厳しい芸能界で生き延びているのですから、大したものです。

平さんは、二〇一六年十月に八十二歳で亡くなりました。自宅の浴槽で倒れているところを、岳大が発見したのです。

前の日、岳大と一緒に娘の家へ行って、あちらのご両親や孫たちと楽しい晩餐会をして赤ワインを飲んで、帰りは岳大が平さんの家まで送ったそうです。そのあと、お風呂の中で亡くなったようでした。最後に、いい思い出ができたのではないでしょうか。

葬儀は岳大が喪主を務め、私は親族として通夜に参列しました。棺に向かって、

「ありがとう。お疲れさま」

と声をかけました。

信じた相手に裏切られて

長く生きていれば、いいことばかりは起こりません。時には、立ち上がれないような辛さにも直面します。中でも信じた相手に騙され、利用され、裏切られるほど、傷つくことはありません。

ある程度の時が過ぎれば、どんな出来事も人生の一部だと割り切れましょう。けれどあのときは本当に、人生の断崖絶壁に立つような思いをしました。

発端は、一九九八年十一月初めの週刊誌に載った記事です。「霊示気学二穣会」という新興宗教まがいの団体に洗脳されて二億円を騙し取られた女性の身内の方が、主宰者の二穣師女《しめ》さんを告発する内容でした。そして、私がその「二穣会」の広告塔となって、あくどいお金集めの片棒を担いでいたと書いてありました。

二穣会では、「念金浄化」と称する儀式を行なっていました。会員から預かったお札を中国の西安へ送り、何年もかけて香を焚き込めて浄化すれば、運気をよくする効果があるとされていたのです。この記事の女性は、身内が二穣さんから「気学と方位学から観たところ、あなたは五年後に死ぬ。運勢をよくするためには念金浄化が必要だ」と脅されて二億円を預けた。ところが約束の期限になっても返金されない、と語っていました。

その身内の方が、二穣さんに連れられて公演中の私の楽屋へいらっしゃったり、二穣さんの自宅でも私に会って、念金浄化を勧められたということにもなっていました。

そのころ私が二穣さんを信頼して、親しくしていたのは事実です。緊急に記者会見を開くことになりましたが、この記事の件については全く心当たりがありませんでした。公演中の楽屋は衣装やメイクの支度でただでさえ戦場のようで、そんな中へたくさんの方がいろいろな知り合いを連れてお見えになるため、覚えていないことも多いのです。

私の被害はいくらになるのか

二穣師女さんと知り合ったのは、離婚してまもなくです。まだ九歳だった子どもたちが、真っ直ぐ育ってくれるかどうか。そればかり気になって、親きょうだいには心配をかけたくないので相談もできず、何をどうしたらいいのか、心は揺れて手探りのような毎日でした。

そんなとき、我が家で働いてくれていたお手伝いの一人が、行きつけのマッサージ院で「すごくいい人がいるらしい」と聞きつけてきたのです。初めは軽い気持ちで相談したら、とても親身になってくれたので次第にのめり込んでしまい、指示を仰いでは言われたことに従うようになり、私自身も多額の現金を預けました。

二穣さんは私には、いい面だけ見せていたのでしょう。会員へのお金の返済に、ほかの会員から新たに預かったお金を充てていたことなど、少しも知りませんでした。私はまんまと二穣さんの魔術にかかってしまったのです。

二穣さんを私に紹介したお手伝いは、仕事で私が不在のとき、子どもたちの母親代わりになってくれたような子です。人づてとはいえ、彼女の紹介ならと思って二穣さんを信用したことは否めません。けれども私のためによかれと思ってやったことですから、恨むつもりなどありません。

信頼する人に紹介されたから信頼した相手に、すっかり騙された。すべては私の責任です。そのせいでご迷惑をおかけする方が出てしまったことには、今も心苦しく思っています。

忘れてしまいたい話をあえて書くのは、あのころは私自身が騙されていたために説明が足りず、真相をご存じない方が今も多いからです。あれ以来、大抵のことは怖くないという度胸がつきました。大切なお金を失くしたから、そのあとの仕事を頑張れた。せめてそう考えるほかないと思っています。

美川憲一さんに感謝

あの騒動の渦中、私は帝劇で座長を務めていました。富山県八尾《やつお》町の「おわら風の盆」をテーマにした高橋治さんの小説『風の盆恋歌』の舞台化です。

マスコミが自宅に張り付いているので外出にも一苦労でしたけれど、帝劇に着くと前売り券は売り切れていて、カーテンコールで大きな拍手をいただいたことが励みになりました。

もうひとつ心に残っているのは、美川憲一さんがある新聞に寄せてくださったコメントです。「佐久間さんのファンとして見てきて、佐久間さんという人間もわかっている。大変な迷惑を受けていることに心配している」という、とても温かい言葉でした。私はそれを読んで、とても感動しました。

おざなりに「ああ、大変ね」などと声をかけてくる方はずいぶんいましたが、それとは違って、私のことを見ていてくださって気持ちを汲み取ってくださるコメントでした。実は美川さんと深いお付き合いはなかったのですが、苦境に立たされたときに受けた温かさは、いまだに忘れられません。私も人に対する優しさや温かい気遣いを忘れてはいけないと、自分に言い聞かせています。

あれ以来、美川さんとはたまにご飯を食べたりする仲になりました。ちょうど二、三日前、以前に行ったことがある博多の料亭から電話がかかってきて、「今、美川さんが来ています」と言うので代わっていただき、久しぶりにお話をしました。

離婚したあと、身内に迷惑や心配をかけまいと気負っていたせいで、私は思わぬ不運を呼び込んでしまいました。何もかも背負いこまず、元から周りにいた人や身内に頼ればよかった。そんな反省もしました。

この出来事があって以来、三つ年下の妹が私のマネージメントをしてくれるようになりました。芸能界とは無縁の生活をしていたのに、頼りない姉を見捨てておけなくなったのです。今ふりかえっても、学びの多い出来事でした。

書にどれほど人生を救われたか

趣味は人生に彩りを与えてくれるといいますが、時として人生の支えになる場合もあります。

私の趣味は書です。この趣味をもったことで、辛い時期にどれほど救われたか。出会いは本当に偶然で、これほどのめり込み、人生の一部にまでなるとは、思ってもみませんでした。

平幹二朗さんと結婚したあと、劇団四季の浅利慶太さんと平さんとに勧められて、『シラノ・ド・ベルジュラック』に出演しました。平さんがシラノで、私はロクサーヌ。一九七五年一月の日生劇場です。

その舞台が、地方の数か所へ回ることになりました。行った先々でいつもの通り、お世話になった方々にお礼状を書きました。富山公演のとき、どなたかにお出しししたお礼状がどういう経緯か、書家の青柳志郎先生のお目に触れたようです。今は亡き青柳先生は、富山で大変有名な書家でいらっしゃいました。

いきなり「あなた、今年の日展に出しなさい」と、ご連絡がありました。日展といえば、美術を志す人なら誰もが憧れる、日本で最大の展覧会です。

字を書くことは、子どものころから好きでした。小学校から帰ると、新聞紙が真っ黒になるまで、筆で文字を書いていました。母から、

「人さまに手紙を差し上げるとき、相手が不快に思うような汚い字では失礼に当たりますよ」

と言い聞かせられたことも身に沁みついています。

とはいえ、お習字教室に通った経験もなく、全くの我流です。富山でのお礼状も、万年筆で書いたのかボールペンだったか。とにかく、毛筆できれいに書いた手紙ではありませんでした。

「日展なんて、そんな権威のある展覧会に、私のような者がいきなり応募するなどと

んでもない」

と考え、一度はお断わりしました。ところが次第に、「そんなにおっしゃってくださるのなら、一か八かやってみよう」と、持ち前のチャレンジ精神が頭をもたげてきたのです。

書も芝居も、一期一会だから面白い

ちょうど仕事も一段落してお休みをいただき、軽井沢に持っていた別荘で過ごす時間が一か月弱ありました。夜になって、まだ幼かった双子の子どもたちを寝かしつけたあと、筆を執ってみました。

一畳敷きの大きな紙に、〈梦〉という一文字を書きました。夢という漢字の、中国で使っている簡体字です。青柳先生が書いてくださったお手本は普通のサイズの半紙だったのですが、バーンと大きいほうがいいと思ったのは私の大雑把な性格のせいでしょう。

紙が大きいので机やテーブルではなく、床に広げました。大きな紙に太い筆で、叩きつけるように書くので、どうしても墨が周りに飛び散ります。ですから汚れてもいいように、Gパン姿。その恰好で四つん這いになって、鬼のような形相になっているに違いありません。人さまにお見せできる姿ではありませんね。

書は書いたら終わりではなく、乾かす作業がまた大切です。その日の温度や湿度によって、違った滲みや掠れが生まれ、一枚ごとに異なった仕上がりになります。同じ文字を書いたのに、全く予期していない趣《おもむき》が浮き上がってくることもあります。書は生き物なのです。

「ああ、芝居と同じだな」と気付いたのは、芝居も書も一期一会だからです。芝居は、その日の体調や共演者との呼吸、お客さまの熱気などに左右されます。同じ芝居は再現できないし、出来上がりの予想がつきません。そんなところが共通しているのが、不思議で面白い。

「人間万事塞翁《さいおう》が馬」ということわざがあります。不運と思えたことが幸運につながったり、その逆もあったりして、予測がつかないことのたとえです。書の奥深さは、芝居ばかりか、人生そのものにも通じる点にあるかもしれません。

〈梦〉一文字をひと月で八百枚

軽井沢の別荘はさほど広くないので、大きな紙を何枚も広げて乾かすのは大変でした。夜の十一時ごろから筆を執り、四枚書き上げて、軽くお酒を飲みながら乾くのを楽しみに待ちます。出来上がりを見てから、また四枚。それが乾くのを待っていると、もう朝方ですから、ひと晩に二十枚書ければいいというペース。

集中して書き続けて明け方近くになると、我を忘れていきます。頬が上気して、芝居と同じように「乗って来たな」と感じるようになります。いつ寝たのかわからないような生活の中で書き続けてみたら、ひと月あまりで八百枚になりました。

1975年、日展に入選した〈梦〉の書の前で

その八百枚を全部、青柳先生にお戻ししました。すべてご覧くだすった先生から「これをお出しなさい」と勧められるまま、日展に出してみました。そうしたら、予想もしなかったことに入選したのです。プロの書家でもなかなか選ばれない権威のある展覧会ですから、「なぜ私が」と恐れ多い思いでした

審査員の手島右卿《てしまゆうけい》先生は「あなたの書は音楽的であり絵画的でもあり、そういった要素が詰まっている」と褒めてくださいました。

自分ではわかりませんが、全国からたくさんの出品がある中で専門の先生方のお目に留まったのは、きちんと学んだ書とは違う面が新鮮に映ったせいかもしれません。私としては心を込めて書いただけですから、とても嬉しく思いました。

女優としてさまざまな役を演じてきた経験が活きたのかもしれないと考えると、「芝居をやってきてよかった」という深い感慨がありました。

書に現れる心の在りよう

書にどんな文字を書くか、いつも考えます。その時々の心情に合わせて書きたい文字を決めることが、出来の良し悪しを決める第一歩です。

日展に出した作品は、〈梦〉という一文字でした。なぜこの字を選んだかというと、軽井沢の別荘で夕暮れていく庭を見ながら、「幼い子どもたちは、どういう大人に育ってくれるかしら」と、木々の向こうに将来の姿を思い描いているうち、「夢という字がいいかな」と思いついたのです。

青柳先生に「夢という字を書きたいんです」とご相談したところ、「いわゆる『夢』ではなく、『梦』のほうがいいでしょう」とアドバイスをいただき、その通りにしました。

日展で入選した一九七五年は目まぐるしい年で、実は私は、必ずしも幸せではありませんでした。仕事は充実していて、ようやく一歳の子どもたちは可愛かったのですが、平さんとの間に少しずつずれが生まれ、家庭生活にストレスを感じるようになっていたのです。

若いときはお酒でストレスを紛らわしていましたが、女優の仕事と子育てが忙しくなったこのころから、書に没頭することで心のバランスを保つようになっていきました。今になってふりかえれば、書は、幸せではない自分との格闘でもあったかもしれません。真っ白な紙に自分の思いを打ち付けることには、究極的に自分を見つめる意味合いがあったようにも思います。

軽井沢の別荘で過ごした夏休みが終わると、多忙な毎日が戻って来ました。書に充てる時間、中でも墨を磨《す》る時間を捻出するのが、ひと苦労になりました。次の仕事の台本を読んで台詞を覚えるなど、やらなければいけないことがたくさんあります。「時間ができたら、あれをやりたい。これもやりたい」と考えていても、時として夜遅くから墨を磨り始めたり、少し時間ができれば筆を握っていました。

〈炎〉という一文字を書く際、自分で発想して赤い墨を使ったこともあります。筆の毛の真ん中あたりを「腹」と呼びますが、そこに朱墨をほんのちょっとつけて、白い紙にバアーッと広げるように書いてみました。何枚か試すうちに上手くいって、燃え上がる炎を描写した絵のように面白い作品ができました。書というと古風で堅い印象をもたれがちですが、いろいろ考えたり新たな工夫もするものなのです。

その時々の自分にふさわしい言葉を

二〇〇〇年には、〈空寂也《くうじゃくなり》〉という作品を毎日書道展に出して、毎日賞を受賞いたしました。禅の用語で、「宇宙のすべての事物は実体がなく、その本性は空であるということ。また、それを悟った境地」を指すそうです。

私の舞台の代表作『唐人お吉』は、東京の帝国劇場で評判がよかったので、大阪から名古屋、九州の博多座まで一か月くらいかけて回りました。地方では昼と夜の二回公演が普通ですが、たまに昼間の一回だけという日があり、午後二時ごろには終演になります。

とても活力の要る芝居でしたから、身体はクタクタに疲れているのに、気持ちは逆に昂ったままです。何か「もっと自分自身と対峙したい」という興奮状態のまま、ホテルの部屋へ帰って来て、筆を執りました。芝居は、ご覧いただくお客さまと自分の真剣勝負。書は、字と自分の真剣勝負なのです。

そんなとき書き続けたのが、〈空寂也〉です。疲れている自分を無にしてくれました。無心で何かに向き合うという言葉が、そのときの自分にピッタリだったのを覚えています。

字には書き手の心情が表れますから、好きな漢字や和歌や、西洋の詩の気に入っている一節を選ぶようにしています。

〈散りぬべき　時知りてこそ　世の中の　花も花なれ　人も人なれ〉は、有名な細川ガラシャの辞世の歌。

〈美しくあれ　哀しくあれ〉は、フランスの詩人ボードレールの言葉から採りました。美しさはただ美しいだけではなく、哀しみの中にだって美しさがある。物事に秘められた深い意味を感じ取ろう、ということだと解釈しています。

〈生きることは　一筋がよし　寒椿〉は、日本最初のトーキー映画『マダムと女房』をお撮りになった、五所平之助《ごしょへいのすけ》監督の句です。ほかにも、相田みつをの『こんな顔で』という詩を書いたり、宮沢賢治の詩を書いたりしてきました。

無心になって墨を磨る時間のありがたさ

書で無心になるといえば、まず墨を磨る時間です。筆を執る前に必要な準備であるとともに、心構えを作るためにも欠かせない作業なのです。

私の場合、墨を磨るのに二時間かかります。紙が大きい上に何枚も書きますから、大量の墨が必要なのです。磨る間は、なるべく雑念を振り払い、無心になるよう努めます。悩んだり迷ったりしながら磨る墨は、不思議といい色にはなりません。

二時間ひたすら磨って磨って、できた濃い墨を一度バケツに溜め、小さなお皿に移して生ぬるいお湯で少しずつ、指で溶かしながら伸ばしていきます。

水は、山から汲んできた湧き水が一番です。乾いたときの趣が、水道水とはまるで違います。当時、青柳志郎先生のお宅は白川村の立派な茅葺《かやぶき》のお家でした。そちらへ伺って書かせていただいたとき、近くの山から湧き水を汲んで来て使うこと、墨を指を使って伸ばして人肌の温度にすることを教えてくださいました。

教えていただいた通りにこしらえた墨を使うと、書いた文字の温かさが違います。清らかな水を使えば美しい清らかな字が生まれるのでは、という願掛けのような意味もあります。でも実際に、山で汲んだきれいな水で書き、山の新鮮な空気で乾かした作品は、仕上がりが全く異なるのです。

紙は半紙ではなく、長い反物のまま買って来て、自分で切ります。一畳敷きだと大きいですから、切り分けるだけで一苦労。辺りはクシャクシャの紙で、グチャグチャになってしまいます。福井で作っている和紙が良質でいいのですが、練習用には安いものを使います。

筆にも、種類がたくさんあります。私はペンキ屋さんが使うような太いものが好みです。書くのがなよなよとした美しい字ではなく、強く打ち付けるような太い字だからです。墨もこだわれば大変なお値段ですが、硯《すずり》はなおさら。中国製の名品だと一億円もするのがありますが、私が使っているのは数千円程度です。

筆、墨、水、紙、それぞれの相性もあります。「弘法、筆を択《えら》ばず」ということわざがある一方、道具に凝り始めたら果てがないのも書の世界なのです。

ニューヨークでも展覧会を開く

二〇〇六年には、名古屋で初めての個展を開くことができました。個展はその後、東京や京都でも開催しました。

二〇〇八年には、ニューヨークで展覧会を開きました。マンハッタンの日本クラブにある日本ギャラリーで、天台宗の荒了寛《あらりょうかん》大僧正と一緒に「書に遊ぶ」という二人展を開いていただいたのです。当時、天台宗ハワイ開教総長というお立場でいらした荒先生は、書のほかに仏画や水墨画も出品されました。

私は、好きな漢字の〈凜〉や〈雪月花〉など、約三十点を出しました。正統的な作品のほかに、古代の金文字を使った絵画的で遊び心のある作品も含めました。

クリスマス前でとても寒い時期だったにもかかわらず、前日のレセプションには桜《さくら》井本篤《いもとあつ》・元ニューヨーク総領事ご夫妻や、現地に駐在している日本企業の関係者などがたくさん来てくださいました。

そのころニューヨークの会社で働いていた私の娘が、招待状の送付や受付などを引き受けてくれたことはありがたく、成長した姿を頼もしく感じたものです。

私は母の教え通り、自分の子どもたちにも「字はきれいなほうがいい」と伝えてきました。娘はそれなりの字を書きますけれど、息子の岳大のほうは……。

今、あえて書を遠ざけている訳

それほど大切だった書ですが、ここ数年はご無沙汰しています。私は好きなことにのめり込みやすい性質なので、熱中すると家に籠ってしまいがちになるからです。趣味をもつことは素晴らしいことですし、「もったいないから、また書いたらいいのに」と勧められますが、歳を取って家に籠るのはよくない。なるべく外へ出たいという思いが次第に強くなってきました。

日課にしている公園の散歩で美しい花や木を見れば、その感動を字で表現したくもなります。けれども足腰が元気でいるうちは、なるべく出かけて行きたい。幸い私には、自然の中で緑に触れたり、大好きな滝を見に行ったりする趣味もあります。「とにかく外へ外へ」と自分なりに思っている今のところは、書はちょっとお休みです。

そうそう、水泳に夢中になったころもありました。木原光知子さんと家が近かったこともあり、子どもたちと一緒に私も彼女から水泳を習っていたのです。二〇〇三年には日本スイミングクラブ協会から第四回ベストスイマーとして名誉水泳十段位をいただきました。

体力作りのためと思ってのことでしたが、風邪を引くこともなく過ごせたのは、水泳のおかげと思っています。

私の代表作『五番町夕霧楼』

〈夕子いて　百日紅《さるすべり》咲けり　海青し〉

田坂具隆《ともたか》監督がお詠みになった句を刻んだ石碑と、夏に真っ赤な花を咲かせる見事な百日紅の木が、今も鮮明に私の記憶の中にあります。「伊根の舟屋」で有名な京都府与謝《よさ》郡伊根町の、丹後半島の突端に近い津母《つも》という地域です。ラストシーンの撮影のため、京都から二十トンのトレーラーで運んで来て植えた百日紅の木が、その下に建てた石碑と共に観光名所となったのです。

一九六三年、水上勉さんの小説『五番町夕霧楼』の映画化が決まりました。前作『人生劇場　飛車角』での遊女おとよ役の演技が認められた私は、男性路線の東映が初めて製作する女性が主役の大作映画で、主演を任されたのです。

舞台は終戦から六年目の京都。丹後半島の貧しい漁村から五番町の遊郭・夕霧楼へ売られる、夕子という少女が主人公です。まだまだ貧しい時代で、結核の母の薬代と家族の生活のために、長女の夕子が身を売らなければなりません。

その夕子の肉体に潜んでいた魔性が、女郎になったために目覚めていきます。同時に、幼馴染みの恋人である修行僧との悲恋の物語が進みます。この僧がお寺に放火してしまうのは、一九五〇年に起こった金閣寺の放火事件を下敷きにしています。

課せられた責任の重大さを感じ、原作を読んで感銘を受けた私は、田坂具隆監督やカメラマンと撮影前のロケハンから参加しました。

丹後半島では、民宿にひと月ほど泊まり込んでロケをしました。風光明媚で与謝の海が一望に見下ろせる、お魚がとても美味しい場所です。あのころの大作映画の撮影には、東京から新聞記者が取材に来てくださいました。お休みの日の私を取材したいと言うので、岸壁から釣り糸を垂れてポーズを決めたまではよかったのですが、釣り竿ごと海へ引き込まれそうになりました。とても私の手に負えず、男の人が三、四人がかりで二時間もかけて釣り上げたのは、なんと五キロもあるブリ。その晩、民宿でお刺身にしてスタッフ全員でいただいたのは、愉快な思い出です。

人生の師・田坂具隆監督のこと

この作品で私は、田坂具隆という素晴らしい名監督に巡り会いました。生涯忘れられない監督で、最後はちょっと、お慕い申しておりました。

田坂監督は戦前から活躍され、山本有三さん原作の『真実一路』（一九三七年）と『路傍の石』（一九三八年）で有名になりました。戦争映画の『五人の斥候兵《せっこう》』（同年）と『土と兵隊』（一九三九年）は、ヴェネツィア国際映画祭に出品されて賞を得ています。文芸作品の映画化がお得意で、戦後は日活で石坂洋次郎さん原作の『陽のあたる坂道』（一九五八年）などをお撮りになったあと、東映へ移られたのです。二〇二四年が没後五十年で、国立映画アーカイブで特別企画が組まれていたので私も観に行ってきました。

この人は素晴らしい監督だとわかったのは、ある日の撮影中です。「よーい、スタート」「カット」と言ってカメラを止めた田坂監督は、画面の奥を歩くお二人のエキストラの元へ行って、こうおっしゃいました。

「鈴木さん。佐藤さん。自分はどういう人生を送ってきて、お二人はどういう関係で、何のためにここを歩いているのか。それを二人で話し合ってから、歩いてください」

普通の監督なら「ちょっと、そこの人」などと呼ぶものです。けれども田坂監督は、エキストラ一人ひとりのお名前を尋ね、しかも覚えていらっしゃるのです。誰彼の分け隔てなく、自分の作品に参加している全ての方を尊敬なさるお姿を見て、人間的にもあたたかく慈愛に満ちた監督だと感動しました。

映画の撮影にエキストラとして参加しているなら、役者志望の方が多いはずです。監督から名前を呼ばれ、演技指導まで受ければ、感激して一生懸命に歩くことでしょう。そういう方たちと一緒に作る作品なら、私たちまで際立ちます。全員の熱意の塊《かたま》りが素晴らしい画面を作ることを田坂監督から学び、いい経験をしました。

先生は私のことを「よっちゃん、よっちゃん」と可愛がってくださり、「思った通り素直に演じればいい。余計なことは考えなくていい」とおっしゃいました。

夕子の父親役は、名優の宮口精二さんです。『七人の侍』で扮した剣豪・久蔵のように、寡黙な方でした。波止場から京都へ旅立つ娘と父の別れの場面では、夕子が父の腕をギュッと摑むだけ。言葉は少なくともお互いの思いが通じていることを、その小さな動作で表すのです。ところが「よーい、スタート」とカメラが回って宮口さんの腕を摑んでも、私の気持ちは昂らず、涙が出てきません。それなのに監督がとことこ歩いてきて、

「よっちゃん、こういうふうにやるんだよ」

と言って私の腕を摑んでみせたら、突然ぼろぼろ泣けてきました。監督との心の繫がりを感じ、「この監督のためにいい作品を作ろう」という思いが湧き上がったのです。私はそれくらい、田坂監督に傾倒していました。

夕霧楼の見事なセットと共演者の方々

故郷の丹後から京都へ向かう汽車がトンネルを抜けたときの、
「暗いところから明るいところへ出るときの気持ち、よろしいですねえ」
と笑顔で言う夕子の台詞には、貧しい暮らしから抜け出せるかもしれないという希望が重ね合わさるようでした。

東京撮影所には、終戦から六年後の京都の街並みを再現する巨大なオープンセットが建てられ、実に豪華でした。夕子が売られていく遊郭・夕霧楼の外観を俯瞰で映すシーンでは、街並みの奥を本物の市電が走って行くのが豆粒のように見えます。なんと贅沢なことでしょうか。

夕霧楼の女将は、木暮実千代さんが演じました。一緒に働くお姉さんには、丹阿弥《たんあみ》谷津子《やつこ》さんや岩崎加根子さん。この映画には悪人が出てこないのですが、俳優さんたちも揃っていい方ばかり。人間が人間を演じるのですから、どんな役でもお人柄が出るのです。

木暮さんはもう大女優でいらっしゃいましたから、何回もテストが続いて疲れてしまうと、

「ねぇ監督、ちょっとまけてよ」

とおっしゃるので、現場は大笑いになりました。八百屋で白菜を値切るような言い方で、「もう、このくらいで堪忍して」とお願いされたのです。

恋人役の河原崎長一郎さんは、とても真面目な方でした。出番がなくても必ず撮影の見学に来て、ご自分の役作りの参考にしていました。雨でも晴れでも、必ず傘をお持ちなのが不思議でした。

大きな雷が鳴ったとき、怖がって女将に抱きつく女郎さんも出てきます。ピカドンを思い出してしまったという設定です。田坂監督ご自身が広島で被爆されていますし、戦後まもない雰囲気があちこちにちりばめられていました。

ラブシーン前日、監督からのメッセージ

撮影のクライマックスは、私の濡れ場でした。夕子が、千秋実さん演じる西陣の織元の旦那に水揚げされるのです。前作の『人生劇場　飛車角』で清純派のイメージから脱して汚れ役を演じたとはいえ、本格的なラブシーンは経験がなく、どう演じればいいのか見当がつきません。

いよいよ本番の前日、監督が手紙をくださいました。

「よっちゃん、ここに書いてあることを頭の中に入れて、熱い思いを表現してください」

渡されて読んでみると、

「一人の少女が一羽の美しい蝶々を追いかけながら、土手を駆けていく。するとだんだんに、息遣いが荒くなる。雑念を捨てて、そんな情景を思い浮かべながらやってごらん」

と書いてありました。相手や周囲を意識して演技が硬くなってしまわないように、気遣ってくださったのです。

その場面は、私の顔のアップの長回しだけで表現することになっていました。制作側は、この撮影にはかなり時間がかかるだろうと考え、たったワンカットのために朝九時から定時の五時まで予定を組んでいました。

ところが三回か四回テストしただけで、もう本番です。監督から「はいオッケー」と声がかかったとき、まだ十時を少し回ったばかり。制作側は拍子抜けの様子でした。

田坂監督は、テストを何回やったらどのくらいの芝居ができるか、という洞察力にも優れていました。こちらは何度でも必死にやりますが、神経を使うあのようなシーンは繰り返してもよくはならないと、ご存じだったのです。私が一番上手くできるタイミングを図って、本番を撮ってくだすったのでした。

七、八分もの間、赤い襦袢《じゅばん》をまとって息も絶え絶えに身をよじる私の、表情と息遣いだけが大写しになります。ところが完成すると、映倫から物言いがつきました。

「みだらな妄想をかきたてる」という理由で、カットを求められてしまったのです。東京撮影所の岡田茂所長が折衝して、短縮することで折り合いがついたと聞きます。

監督が特別なメッセージをくださったのは、あのシーンのときだけです。書かれていた通り、余計なことを考えずに演じて上手くできたのは、まさに監督の温かさのおかげです。

「そして――佐久間良子」に、ただ感謝

映画が完成して試写を観たとき、冒頭で驚かされました。日本映画のタイトルロールは、まずスタッフの名前が流れ、次いで出演者が主演から助演の順に紹介され、最後に監督の名前が出るのが普通です。

ところが『五番町夕霧楼』では、監督の名前は撮影と並んで三番目。それも異例なことですが、もっと異例なのは出演者が紹介される順序でした。木暮実千代さんから始まり、一番最後に「そして」という文字が映って消えると「佐久間良子」という名前が浮かび上がるのです。

これは田坂監督の発案でした。『五番町夕霧楼』が佐久間良子の映画であることを、際立たせようという工夫です。いかに私を大事にしてくださったか。

あれだけ私のことをよく見て、わかってくださった監督は、後にも先にもいません。ですから「監督の気持ちに応えたい、お役に立ちたい。いい作品にしたい」という思いを私が募らせていったのは、自然な成り行きでした。

他人を尊重する気持ちがなければ、思いやることはできません。相手のことをきちんと認めなければ、尊重することはできません。田坂先生から教えていただいた人としての生き方は、その後の私の大きな指針となりました。

四十近くも年が離れた田坂先生への感情を、どんな言葉を使って表せばいいでしょうか。尊敬、心酔、憧憬《しょうけい》……。その中に、恋心のような気持ちが含まれていたかもしれません。でも恋とか愛とかといった簡単な言葉は、使いたくないのです。心の底からお慕い申し上げていたと言うのが、最もふさわしいような気がしています。

「ありがとう、佐久間君」

少し前まで、東映所属の女優はギャング映画の添え物のような扱いでした。男性たちが銃をバンバン撃ち合う横でウロチョロしたり、敵をやっつけたところへニッコリ現れたりするだけの役柄に、私は不満がありました。この『五番町夕霧楼』で初めて、女優が主演として、一本の責任を負わされたのです。

撮影中から、これはいい作品になるという手応えがありました。東映としても、社運を賭けた一作でした。

封切りの日、東京撮影所の岡田茂所長と私は、観客として銀座の映画館へ行きました。そんなことをしたのは、この作品くらいだと思います。お客さんはどのくらい入っているか、反応はどうか、気になって仕方なかったのです。岡田さんも「昨夜は寝られなかった」とおっしゃっていました。

映画館に着いたら、ドアが閉まらないくらいの満員です。しかも東映の作品には珍しく、女性の姿が目立ちました。

ラストシーン、故郷の満開の百日紅の下で死んだ私を宮口精二さんが抱き上げ、

「夕、夕、辛いことでもあったんか。なぜ死んだ」

と語りかけると、客席から一斉にすすり泣きが聞こえました。上映が終わって明るくなっても、お客さんは泣くばかりで席を立とうとしません。そのうち場内の一角から拍手が起こり、客席いっぱいに広がっていきました。

隣りにいた岡田さんが私の手を握り、

「ありがとう、佐久間君。本当によかった。ありがとう」

と涙ぐまれたことを、決して忘れません。

『五番町夕霧楼』はキネマ旬報のベスト・テン三位に選ばれ、河原崎長一郎さんはブルーリボン賞の男優助演賞を獲得しました。私は残念、賞はダメでした。

私が東映を辞めた理由

東映と食い違いが生じたきっかけは、今井正監督の完璧主義に苦しめられて『越後つついし親不知』（一九六四年）の撮影日程がずれ込んだことです。その次に私は、敬愛する田坂具隆監督の『鮫《さめ》』という作品に出ることが決まっていたのですが、二か月待たされた田坂監督は私の出演を諦めてしまったのです。他のキャストやスタッフのスケジュールもありますから、仕方のない判断です。

田坂監督との仕事を楽しみに『越後つついし親不知』の過酷な撮影に耐えていた私は、打ちのめされてしまいました。会社は「申し訳ない。必ず埋め合わせをするから」と言ってくれたのですが、私は休養を申し入れました。田んぼのロケ以来、おかしな咳が半年も続いていたことも理由です。

念願の田坂監督との仕事は、一九六六年の『湖《うみ》の琴』（原作・水上勉）まで待たなければいけませんでした。『湖の琴』の次も田坂監督との『石狩平野』という企画が決まっていたのですが、北海道の開拓を描くのは制作費がかかりすぎるという理由で、大川社長が中止を決めました。

『五番町夕霧楼』のような女性向けの文芸映画を続けて欲しいという望みは、叶いませんでした。東映の女性路線は『緋牡丹博徒《ひぼたんばくと》』や、のちの『極道の妻《おんな》たち』になります。大川さんに代わって二代目の社長になった岡田茂さんは優秀な方ですから、興行面や他社との差別化でご苦労された結果だと思います。

ヤクザ映画が増えるにつれ、本物っぽい人たちが撮影所の中を歩くようになって、そういう雰囲気も私はしっくり来ませんでした。会社の方向と少しずつずれてきたことを感じるようになりました。プロデューサーが企画を持って来ても、「これはできません」とお断わりした映画が何本かあります。そうしたことが続くうち、会社のほうで「もう佐久間は使えない」と考えるようになったのでしょう。私は干されていきましたが、仕方がないと思っていました。

『大奥㊙物語』（一九六七年）は、山田五十鈴先生との共演は嬉しかったのですが、タイトルの㊙に違和感がありました。その後、ついに人に言えないようなタイトルが出てきて、「ああ、もうダメだ」と諦めました。『あかさたな』という映画だったのに、変更されたタイトルは『妾二十一人　ど助平一代』（一九六九年）だったのです。

東宝演劇部の菊田一夫先生から、

「三島由紀夫さん原作の『春の雪』という舞台に出て欲しい」

と誘われたのは、そんなときでした。私は菊田先生に、お目にかかったこともありません。しかも東宝にはたくさん女優がいらっしゃる中で、私に声をかけてくださったのです。

「これは三島さんの希望でもあるから、ぜひ」

との依頼でした。映画ばかりで舞台の経験はまるでなかったのですが、原作を読んでやってみたいという気持ちが湧いてきました。

私は常々、自分の仕事を大切にしたいと考えていました。東映が作ろうとしている映画はわかるのですが、そこで求められる役を演じることは、もうできませんでした。「嫌なことは長く続けられない。だから無理することはない」最後は自分に、そう言い聞かせたのです。

十二年お世話になった東映に、後ろ足で砂をかけて出て来たわけではありません。私の大切な作品を作ってくださったと本当に感謝していたので、退社するに当たって後悔は感じませんでした。

初めて舞台に立って面白さを知る

忙しすぎたせいで、実は舞台を観たことがあまりありませんでした。稽古をどんなふうにやるのかも知りません。主役にもかかわらず、舞台役者としては全くの新人だったのです。

共演は市川染五郎（現在は松本白鸚《はくおう》）さん。一九六九年、日比谷の芸術座で九、十月の二か月公演でした。八月の暑い時期、他の仕事をすべて断わって、稽古稽古です。共演者には長く舞台に専念していらっしゃる役者さんが多いので、初日に向けたペース配分に慣れています。そこへ加減のわからない私が全力投球で挑むものですから、周りの人たちが音を上げてしまうこともありました。それでも私は、わからないことはこちらから行ってお尋ねするように心がけました。皆さん温かい方で、私を受け入れてくださったので助かりました。

初日を開けた『春の雪』は大当たりして、すぐに四か月間のロングランとなることが決まりました。原作者の三島さんも、初日をご覧になったあと楽屋へいらして、

「染五郎君との電話のやり取りが、とても初々しくてよかったよ」

と褒めてくださいました。

「よーいスタート」「はい、カット。じゃあ次のシーン」と次々に演技が変わる映画と違って、毎日毎日、同じ芝居を昼と夜の二回ずつ繰り返しながら練り上げていくのは、いい勉強になりました。

役者の移籍を縛る五社協定の名残りがまだあったので、東宝の舞台には出られても、映画に出るのは時間がかかりました。市川崑監督の金田一耕助シリーズ最終作『病院坂の首縊《くく》りの家』に出演したのは、一九七九年です。

演じたことのない役柄でしたから楽しかったのですが、血しぶきが飛んだりするのは苦手でした。凄惨なシーンのある映画は経験がなかったので、思わず目を瞑《つむ》ってしまうのです。

『病院坂の首縊りの家』で市川先生が私を気に入ってくださったので、『細雪《ささめゆき》』(一九八三年)の出演が決まりました。私は次女の幸子役で、長女の鶴子が岸惠子さん、三女の雪子が吉永小百合さん、四女の妙子が古手川祐子さんという豪華なキャストです。

その撮影の合間だったと思いますが、市川先生とこんな会話を交わしました。

「佐久間さんは優等生だよ」

「先生、どういう意味ですか」

「悪いことじゃないんだけどね」

「だから何ですか」

「何事も、とことん真面目に考えないと収まらない」

「私、そうでもありませんのよ。慌て者だし、失敗しますすし。どうして、そういうふうに見られるんでしょうね」

　市川先生がおっしゃるには、私は脚本を読み込んで自分の役柄を研究して、役をきっちり身につけてからでないとスタートできないタイプだとお考えだったそうです。ところが『細雪』の撮影に臨んで、優等生イメージから脱皮しようとする意欲と大胆さを感じてくださったというお話でした。

　市川先生は、美的感覚がとにかく素晴らしい監督です。東映で男っぽい映画中心に仕事してきた私には、その繊細さが強く伝わりました。市川先生にはもう一本撮っていただきたかったと、今でも心残りに思っています。

魂を込めて演じた舞台『唐人お吉』

「役者を観た」

私が主演した舞台『唐人お吉』をご覧くださった、杉村春子先生のご感想です。なんとありがたい褒め言葉でしょうか。商業演劇はあまりご覧にならないと言われていた杉村先生が、この舞台の評判を耳にされて、わざわざ足を運んでくださったのです。

私は、「今日は誰々さんが観に来ています」と聞くと意識してしまうので、知らせないで欲しいと頼んでいます。ですから杉村先生がいついらしたか存じ上げないのですが、あとからそのお言葉を聞いたのです。「女優を続けてきてよかった！」と、心から嬉しく思ったものでした。

一九八三年四月に帝国劇場で初めて上演し、十年以上にわたって再演を重ねた『唐人お吉』は、私にとって最も大切な舞台です。全身全霊を打ち込んだ成果が認められ、菊田一夫演劇大賞や文化庁芸術祭賞をいただくこともできました。

これは、幕末に実在した斎藤きちという女性の生涯に題材を採ったお芝居です。伊豆の下田に住んでいたお吉は十六歳のとき、米国総領事のハリスに奉公するよう下田奉行から命じられます。船大工の鶴松という恋人がいたのですが、引き離されてしまいます。お吉は奉公先で異人から辱めを受けて世間の偏見にさらされ、酒浸りになって身体を壊し、物乞いになった末、入水して薄幸の生涯を閉じる、という物語です。

きちさんのお墓は、下田の宝福寺にあります。私は公演に先立って、お墓参りに行きました。東宝の方々と一緒に行くことになっていた前の日、個人としてご挨拶をしようと考えて一人で出かけたのです。お酒がお好きな方でしたから一升瓶を持って行ってお墓にかけ、お花を手向《たむ》けました。お供えのお花だけは、今でも送っています。

舞台では、十六歳から五十過ぎで亡くなるまでのお吉を、三幕で演じます。演出は石井ふく子先生でした。お吉の人生の変遷について、何度も打ち合わせを重ねました。彼女の一生は、叶わない鶴松への愛を貫いた生涯です。運命に翻弄されながらも素直な女性として生きたお吉の、真っ直ぐな思いを伝えることが大切でした。

舞台の上で水をかぶる迫力の演出

恋人の鶴松役は、林与一さんです。お吉が鶴松をひっぱたくシーンがありました。与一さんも石井先生も「本気でやってくれ」と言うので、心の中で「ごめんなさい」と呟きながら、遠慮なく叩かせていただきました。五十回も公演が続く間に、与一さんの奥歯は欠けてしまいました。

一幕の最後で、異人から辱めを受けたお吉は、我が身を清めるために頭から水をかぶります。この場面では、本物の水を使いました。井戸から汲み上げた桶の水を、何杯も何杯もかぶるのです。石井ふく子先生の渾身の演出でした。開演した当初は、アメリカの国旗を引き下ろして「ちきしょう、ちきしょう」と踏みながら見得を切ったところで緞帳が下りる演出でした。ところが「国旗を踏みつけるのはどうか」という意見が出て、中日くらいから練り直すことになったのです。石井先生と二人で、「良子さん、何をしようか」

石井先生は、斬新な演出をいろいろと採り入れていましたから、

「水を浴びるしかないわね」

と言われたとき、抵抗感はありませんでした。むしろ「どうせやるなら、頭から浴びてしまおう」と自分で決めたのです。スタッフはそこまでやると思わなかったようですが、徹底しなければ、お吉の無念さは表現できないと考えました。

舞台上のセットに井戸があったので、それを使うことになりました。釣瓶《つるべ》で汲み上げて浴びる芝居をするのですが、実際には前もって水を入れた桶が四つほど隠してあって、順に持ち上げて浴びました。

その当時は、歌舞伎でも新劇でも舞台で大量の水を使う習慣はなく、帝劇では初めての試みだと聞きました。最前列のお客さまにはしぶきが飛んでびしょ濡れになりますから、ビニールをお配りして備えていただきました。

スタッフも大変です。二幕が上がるまでの幕間に、濡れた舞台の水をきれいに拭き取る必要があります。私は頭から水をかぶりますから、カツラと衣装の担当者はそのたびに乾かさなければいけないのです。あれだけ大量の水を使う演出には、どなたも驚いたようです。お吉のやり場のない怒りと悲しみを強く表現することができ、結果として、『唐人お吉』を代表する名場面のひとつとなったのです。

十代から五十代まで、声で演じ分けた

太陽のように明るい娘だったお吉が、運命に翻弄されながら老いていきます。十代から五十代まで、メイクと衣装で姿と形を変えるのはもちろんのこと、仕草や声も年齢に合わせなければ不自然です。

最後の三幕では、お酒にやられて身体も不自由になっていて、左手の震えが止まらないお吉です。物乞い姿は衣装部さんに、

「できるだけ汚くしてください」

とお願いして、

「佐久間さん、勘弁してください。これ以上は汚せません」

と困らせてしまうくらい、ボロボロに仕上げてもらいました。

ところが演出の石井先生から、

「良子さん、あの姿が一番きれいだったわよ」

と言われました。お客さまでも同じことをおっしゃる方がいました。かぶったこもにライトが当たると、さまざまな色が反射して美しく見えたそうです。貧乏な娘時代は地味な着物を着ていますから、逆に映えたのかもしれません。

年齢による変化をつけるのが難しいのは発声ですが、私は割と自由に変えられます。『唐人お吉』は二時間半の舞台です。幕開きではボーンとキーを高くして若々しい十代の娘の声を出し、三幕では酒焼けした低いしわがれ声で、呂律《ろれつ》も上手く回らない口調に変えました。私の発する台詞を聞いたお客さまから「別の女優が出てきたのではないか」と怪しまれたのは、役者冥利に尽きます。

歳を取ったメイクになって、ボロボロの服を着て、自分の境遇を身に沁み込ませて舞台に上がると、自然にあの声が出てくるのです。「今ここで出してみて」と言われても、出せるものではありません。

そして幕が下り、翌日また開くときには娘の声に戻っている必要があります。それどころか、一か月の公演のうち昼夜二回の日が多かったので、昼の部の終演から一時間半後には、声を戻さなければなりません。それでも、のどが潰れることはありませんでした。幸いなことに、私は声帯が強いのです。長い間、舞台に出ていますが、声の調子を悪くした経験は一度たりともありません。特別なケアもしていません。丈夫な声帯を授けてくれた両親に、ただ感謝です。

役者は、変わり果てた姿ほど演じていて気持ちがいいもの。小綺麗な役は、さほど面白くありません。人間の変貌を演じるのが私は好きですし、実際の自分から離れるほど快感が増していきます。そしてその変貌は、舞台だから面白いのです。映画なら特殊な技術を使って、あとからいかようにも変えられます。舞台の場合は、役者がその場で発揮する腕だけが問われるからです。

『唐人お吉』のラストシーンは、娘時代に鶴松から贈られた赤いサンゴのかんざしを右手に掲げながら、お吉が一歩一歩、川に入っていきます。

「おてんとうさまもいらない。世間もいらない。お金もいらない。このかんざしさえあれば、いつでもおまえさんと一緒だものね。待っておくれ。鶴松、お吉、鶴松……」

下りた緞帳の向こうの客席から湧き起こる嵐のような拍手を耳にするときの感動は、何物にも代えがたいものです。

帝国劇場が二〇二五年二月に休館して建て替えるというので、夏に舞台を観に行ってきました。帝劇では半世紀近く、毎年のように主演を務めましたから、寂しい気持ちにもなりましたが、この日本を代表する大きな舞台に立てたことを改めて感謝する、とともに誇りに思いました。

草笛光子さんと石井ふく子先生

草笛光子さんは、私にとって唯一の女優仲間です。

『唐人お吉』で、お吉と共にハリスの元へ奉公に行かされる、お福という友だちがいます。お吉とお福は性格も運命も対照的で、お吉が陰ならお福は陽。お福は世渡りが上手く、次第にきれいに裕福になって、船宿の女将まで上り詰めていきます。

そのお福に扮したのが、草笛光子さんでした。役作りをとても丁寧になさる女優さんで、一幕、二幕、三幕と、見事にお化粧を変えます。お吉の私はだんだん落ちぶれて汚くなっていきますから、その対比が上手く描かれていました。

私はプライベートでは、芸能界の方とあまりお付き合いをしないほうです。座長を務めるとき皆さんを飲みに誘うのは、いい作品を作ろうと力を合わせるためですから、一期一会と割り切っています。家庭に仕事を持ち込みたくないという意識も、独身のころから強くありました。玄関から外へ出たら仕事。中へ入ったらプライベート。

ところが草笛さんとは、なぜかウマが合いました。『唐人お吉』以来、今も「お福ちゃん」「お吉ちゃん」と役の名で呼び合う仲です。草笛さんも役者同士で飲みに行ったりしない方ですから、お互いに特例のようです。以前は自宅が近かったので、「今から行くわ」と電話があると、パジャマの上にガウンだけ引っ掛けて、つっかけを履いてお酒を飲みにいらしたりしていました。

芝居に対して真面目なところ。離婚を経験しているところ。犬が好きなところも共通点です。我が家にはマルチーズのリズちゃんがいて、あちらにはゴールデンレトリバーのマロちゃんがいました。

草笛さんとも共演は多いのですが、もっと多かったのが妹の冨田恵子さんです。舞台が中心の女優さんでとても上手な方ですから、私の芝居にはほとんど出ていただいて、いつも助けてもらいました。素敵な姉妹で、大好きな方たちです。

女優同士の付き合いは難しい

東映にいた若いころは、同じ時期に日活で活躍されていた浅丘ルリ子さんと、よく連絡を取っていました。けれどもこのところ、お目にかかる機会がありませんがお元気かしら。

ほかに仲良しだったのは、江波杏子さんです。大映に所属していた江波さんは、主演した「女賭博師シリーズ」が大ヒットして十七本も作られました。大映の倒産後に主演した『津軽じょんがら節』（斎藤耕一監督・一九七三年）では、キネマ旬報の主演女優賞に輝いています。テレビの刑事ドラマ『Gメン'75』（TBS）も人気番組でした。

とても聡明な人で、素敵な女優さんでした。私の映画や舞台もよく観に来てくださったのですが、残念ながら二〇一八年に肺気腫のために亡くなりました。まだ七十六歳でした。

そのほかに、映画や演劇、テレビの世界で親しい女優さんはいません。女優同士が仲良くするのは、なかなか難しいのです。というのは、私自身もそうですが芝居や映画に入るとボルテージが上がり、普段と違う自分になります。いささか男性的、かつ戦闘的な性格になるのです。私も普段はなよなよと女性っぽく見えるようですが、仕事の決断などはパッパッと素早いほうです。そのせいでドボンと池に落っこちてしまう失敗もしますけれど、立ち上がるのもまた素早いのです。

ある女優さんが主演するテレビドラマに脇役で出たとき、彼女が演出家に向かって、「佐久間さんのほうがきれいに映るから、一緒の場面をなくしてほしい」と文句を言ったそうです。力のある演出家やプロデューサーに、あからさまに擦り寄ったり甘えたりする人もいます。そうやって、舞台やカメラの外で立ち回る人を見るのが、私は嫌いです。

芸能界には椅子取りゲームのような面もありますから、「あの人のポジションを自分が獲《と》りたい」という野心がなければいけないといわれます。それなら、正々堂々と芝居で勝負すればいいだけ。

とはいえ、ボルテージが上がって演技の火花を散らした同士が、仕事が終わったから素の自分に戻って仲良くお付き合いする、とはなかなかいかないものです。人対人として向き合うことができにくいという意味では、不幸な稼業かもしれません。

大きな舞台の演出は、必ず石井ふく子先生

石井ふく子先生は『唐人お吉』をはじめ、私の出演作をたくさん演出してくださいました。ＴＢＳの日曜劇場にも出させていただきましたが、石井先生の大きな作品は舞台が中心です。私が半世紀近く毎年のように座長を務めた帝劇の作品にも、石井先生の演出がたくさんあります。

日本テレビが一九七五年から「佐久間良子の旅路シリーズ」というドラマの連作を作りました。『心の旅路』『さすらいの旅路』『帰らざる旅路』と続いたうちの『さすらいの旅路』が、帝劇で舞台化されました。橋田壽賀子先生が私のために戯曲化して

くださり、石井先生が演出されたのです。

三島由紀夫さんの格調高い台詞が印象的な『鹿鳴館』（一九八二年）も懐かしい作品。小山内美江子先生作の『花の吉原　雪の旅』（一九八五年）も忘れられません。前の年にTBSで放送された同名のドラマが舞台化され、これもドラマに続いて私が主演を務めたのです。花魁役の私が、二キロ近いカツラと五キロ以上もある衣装を着けてセリから上がってくる幕開けは、実に見事な演出でした。

石井先生には、女の情感の出し方を手取り足取り教えていただきました。お母さまが赤坂の売れっ子芸者でしたから、身体に沁みついているのですね。座り方ひとつ、着物の裾の払い方ひとつ、女性が美しく見える所作を、自ら演じてくださるのです。

毎年九月一日のお誕生日には、お慕いする役者が大勢集まって、盛大にお祝いをする習わしです。わざわざお電話をいただいたので、九十七歳のお祝いに私も参加しました。そのお年でまだ現役でご活躍なのですから、女性の生き方として大いに見習わなければいけません。

『おんな太閤記』と西田敏行さん

二〇二四年十月に、西田敏行さんが亡くなりました。気宇《きう》壮大な素晴らしい役者でした。私より八歳も年下でしたのに。本当に残念です。西田さんと共演したＮＨＫの大河ドラマ『おんな太閤記』（一九八一年）には、いい思い出がたくさん詰まっています。女優になって、あれほど楽しかった作品はありません。

出演依頼をいただいたとき、双子の子どもたちは幼稚園で手がかかるし、夫の平幹二朗さんとの仲は上手くいっていないし、私は時間的にも精神的にも余裕のない状態でした。せっかくのお話ですが、やり遂げる自信がもてず、お断わりしようかと考えました。けれどもマネージャーから、

「この仕事をやらないなら、女優を辞めたほうがいい」

とまで強く背中を押され、お引き受けしたのです。

女性が主役の大河ドラマは、この作品が初めてでした。しかも脚本は橋田壽賀子先生ですから、戦国時代を舞台にしながらホームドラマのような内容です。

私は豊臣秀吉の妻ねね。西田さんが秀吉で、弟の秀長が中村雅俊さん。姉ともが長山藍子さんで、妹あさひが泉ピン子さん。母親なかが赤木春恵さん。ねねの妹ややは浅茅陽子さんという家族構成でした。

不安だったのは、映画で育ってきた私とは接点のない役者さんが多かったこと。一年間にわたって放送される大河ドラマの撮影は、一年半近い長丁場です。スタッフやキャストといい関係を築いてチームワークで進めなければ、とうてい乗り切れません。

共演の皆さんが集まった制作発表の記者会見が終わったあと、「食事に行きませんか」と皆さんをお誘いしました。私は、お仕事を初めてご一緒する方々と、いつも食事をすることにしています。東映時代、主演の役者が率先して周りの人たちを誘う姿を見て、撮影が終わったあとの酒食のお付き合いが大事だと学びました。特に最初が肝心だ、と考えたのです。

西田さんが打ち明けた氷砂糖の話

『おんな太閤記』では特に、初めて共演する皆さんとの長いお付き合いですから、早く打ち解けたかったのです。みんなで歩いて、NHKの西口を出たところにある居酒屋へ行きました。その席で西田さんが、

「僕は以前、佐久間さんが主演した映画に出たことがあるんですよ」

と打ち明け話をなさいました。まだ青年座の若手俳優で、小さな役での出演だったころです。

昔の映画界では、撮影が延びて夜中になるのが当たり前でした。ある日の深夜、スタッフや出演者の疲れた様子を見た私が、自分で持っていた氷砂糖をお配りしたそうです。ところが順番にお配りした氷砂糖の数が足りず、西田さんのちょうど手前で終わってしまったそうなのです。食べ物の恨みとは恐ろしいもので、

「あれはないでしょう。悲しかったなあ」

とおっしゃるので、みんなで大笑い。そのお話をきっかけに、場は和みました。雅俊さんは二枚目なのに冗談がお上手だし、ピン子さんも賑やかな方だし、一気に打ち解けることができたのです。皆さん「よしこちゃん」とか「ねねさん」と、私を慕ってくれるようになりました。普段は「佐久間さん」と遠慮がちな西田さんも、お酒が入ると「よっちゃん」に。

それ以降、週に一度の食事会が恒例になりました。大河ドラマの撮影スケジュールは週休二日で、二日間リハーサルをしたあと三日間が本番です。五日目の夜は終わるのが夜中の一時過ぎになるのが普通でしたけれど、必ずみんなで渋谷や六本木へ繰り出していました。

橋田先生特有の長い台詞と、武将やお城の名前には苦労したものの、ワンカットが終わるごとに車座になって稽古をしました。そんなとき何かアイディアを思いつくのが西田さんで、みんなで笑い合ったものです。

スタッフも共演者も一致団結して、「ねねさんのためなら」と存分に力を発揮してくださいました。私は休みの二日間がつまらなくて、「早く現場へ行きたい、みんなに会いたい」と願ったほどです。そんな和気あいあいとした空気が画面にも表れたので、多くの方に楽しんでいただける作品になったのだと思います。

皆さんとのお付き合いは放送終了後も続きました。旅行に行ったり、飲みに行ったり。「おかかの会」という名前の楽しい集まりでした。

楽しみだった西田さんとの掛け合い

西田さんとは、回を重ねるうちに息が合っていきました。楽屋にいるときから話術の巧みさで楽しませてくれるので、いつしか周りに「今日は西やん、何時入りなの?」と尋ねるようになりました。若き日の木下藤吉郎がねねの心を摑んだように、私も西田さんとの共演を心から楽しむようになったのです。

西田さんといえば後年はアドリブが有名でしたが、『おんな太閤記』は時代劇ですから、台詞のアドリブより独特な動きで個性を発揮されていました。忘れられないシーンがいくつもあります。

大根畑の中で私にプロポーズする場面では、NHKの広い101スタジオ一面が畑に変わって、たくさんの大根が植えてありました。大根を植える畑には、ある程度の深さが必要です。美術さんは、さぞ苦労されたことでしょう。

西田さんは大根を一本一本抜きながら私を追いかけて台詞をしゃべり、私は畑の中を逃げ回りながらも情熱にほだされていく、というシーンです。台本で何ページにも及ぶ長台詞で、さすがの西田さんも悪戦苦闘していらっしゃいました。私は台詞を聞いているだけの場面でしたが、その都度、抜いた大根を埋め直して撮り直したわけです。

二人がめでたく祝言を挙げたあとも、藤吉郎は信長に従ってあちこちを転戦しているので、ちっとも家にいません。帰って来るときは、遠くから「おかかー!」と叫びながら走って来るのが常です。

新婚のねねは夕飯の支度中で、お鍋をひしゃくでかき回しています。そこへ「おかー！」と呼ぶ声が聞こえて来ると、ねねは途端に嬉しくなって、ひしゃくを手に持ったまま「お帰りー！」と駆け出して行きます。これは私が考えた芝居ですが、ひしゃくを置くヒマさえ惜しむ仕草の中に、妻の感情が表現できたと思っています。

夫婦の芝居は、相手が西田さんだから上手くできました。夫婦の情を阿吽《あうん》の呼吸で表現できたのは、西田さんのおかげです。

一年で十代から七十代までを演じる役作り

ねねは、必ずしも秀吉の立身出世を望んだわけではありません。戦場に出る際は無事を祈り、ただ温かい家庭を築きたいと願っているうち、秀吉が天下人まで上り詰めてしまったのです。秀吉の出世と共に成長するだけでなく、女グセに悩まされたり、権力に惑わされて自分から離れていく秀吉に戸惑いも抱くねねの生き方が、共感を呼んだのでしょう。秀吉が養子にもらってきた子どもたちを何人も育て上げる一方で、実子に恵まれなかった寂しさも描かれていました。

長いドラマで一人の女性の一生を演じるのですから、役作りにも工夫が必要です。スタート時には十代の娘ねねが、北政所《きたのまんどころ》となり、最終回では出家した七十代の高台院になります。撮影が始まる時点では最終回の台本はまだ影も形もありませんから、ねねがどのように歳を重ねていくのか考えながら、一年間の演技プランを練りました。年齢に応じて声のトーンを落としたり、台詞の間を作ったりしていくのは、素晴らしい勉強になりました。

大河ドラマの主人公に初めて女性を据えると決断したNHKも勇気が要ったに違いありませんが、初めて大河ドラマを手掛けた橋田壽賀子先生の渾身の脚本が、ヒットした一番の理由だったと思います。

橋田先生の脚本は、タイトル通り女性の目線に立っていました。ですからそれまでの大河ドラマと違い、戦国時代が舞台なのに合戦場面がほとんど出て来ません。従来の男性視聴者には意外だったかもしれませんが、それ以上に多くの方々から共感を得られたのです。なぜ男たちはいつの世も戦争をしたがり、女たちは振り回されて泣かされるのか――。戦争のない世の中で幸せに暮らしたい。これが、ご自身も戦争経験者である橋田先生がこの作品で追求したテーマでした。

『おんな太閤記』は最高視聴率が三六・八％で、平均視聴率は三一・八％を記録しました。秀吉がねねを呼ぶときの「おかか」は、流行語にまでなりました。いろいろな意味で、大河ドラマの新たな可能性を開く画期的な作品に参加して、ねねを演じさせていただけたことは、女優として大きな財産になっています。

ママ友との麻雀は月に一度のお楽しみ

「ポン」「チー」「それ、ロン！」あ～と溜息をついて、頭を抱えるのは私です。

今日は、月に一度の麻雀大会。メンバーは、子どもたちが幼稚園のときに同級生だったママ友五人グループです。年齢は、私と同い年がおひと方いて、あと三人はちょっと下。

知り合って、かれこれ五十年以上です。幼稚園の保護者の中でも、特に家がご近所だったために仲良くなったのです。

途中、私の仕事が忙しくてお休みする時期はあったものの、お付き合いは続いてきました。子どもたちが別々の学校へ進学すると、ママ友のお付き合いは途絶えてしまいがちですから、自分たちでも感心しています。何しろ、当の子どもたちがもう五十過ぎなのですから。こちらも歳を取るばかりです。

しょっちゅうお会いしているわけではなかったのですが、十年ほど前に、なぜだか「麻雀を月に一回やりましょう」と決まりました。麻雀といえば昔は、タバコの煙が充満する雀荘で、オジサンだけが楽しむ遊びというイメージでした。でも近ごろでは、小学生から高齢者まで楽しんでいるようです。考えたり指先を使ったりしますし、他人とコミュニケーションも取りますから、頭の体操になるといわれています。

家庭麻雀みたいなものですから、もちろん賭けたりはしません。場所はそれぞれの自宅を持ち回りで、お昼から夕方五時ごろまでやります。麻雀は四人でやるゲームですが、高齢の私たちは根を詰めるわけでもありませんから、交代で一人ずつ抜けるくらいがちょうどいいのです。

終わったあと、皆さんと長く行きつけにしているお寿司屋さん「會《かい》」へ移動するのも至福の時です。

「たまには旅行がてらにしましょう」

と話がまとまって、先日はお仲間の一人が持っている富士山の麓の別荘へ泊まりに行きました。高齢女性の麻雀合宿です。富士山を見ながら朝ご飯をいただき、午前中はのんびりして、昼から夕方まで麻雀。温泉に入って美味しい夕ご飯をいただいてから再開して、寝る時間の九時ごろまで。たまたまツキがよかっただけですが、私は珍しく四暗刻《スーアンコウ》という役満を上がりました。富士山からエネルギーもいただいたし、とても楽しい旅でした。

私が麻雀を覚えたのは、子どものころです。土曜日は夕食のあと、会社から帰った父と母、妹、弟たちと家庭麻雀を楽しんでいました。学生時代から仕事が忙しかった時期はずっとやっていませんでしたから、何十年かぶりに再開したのです。

キャリアだけは他の方より長いのですが、腕前は一向に上がりません。この会で初めて挑戦された方のほうが、今は上手いくらいです。

勝負ごとには性格が表れるといいます。「この牌《パイ》を切ったら、絶対に上がられてしまうだろうな。でも下りるのは癪《しゃく》だし、一か八か勝負してみよう」というのが私です。しかも、自分の手の内ばかり見ていて、他人が捨てる牌をよく見ないタイプです。「あ、それ、ポンだったんだけど」と言っても、あとの祭り。順番はすでに次の人へ移っているので「もうダメよ」と却下され、私が上がれるチャンスは消滅です。

夫抜きだから、気楽に付き合える

この会がいいのは、男性がいないことです。子どもたちはとっくに独立していますし、夫の都合で参加できないということがありません。メンバーの中には夫が健在の方もそうでない方もいますが、いても男性陣は参加しません。誰かの家へ押しかけるときも、気を利かせて出かけているのか、夫の姿は見えません。富士へ旅行に行くと言っても、いいよと快く送り出してくれるご主人ばかりなのです。

夫は夫、妻は妻で、別々の楽しみを見つけられる関係になったのかもしれません。若いときは家事や子育てで家を空けられなかった女性たちが、この歳になって、あのときの分まで自由を手に入れたのです。いい歳の取り方をしている方ばかりですから、心地のいい集まりです。

こうした会を長続きさせる秘訣は、集まったときに次の予定を決めてしまうこと。メンバーが五人もいたら、「じゃあ、また連絡を取り合いましょう」と言っているうち、誰かの都合が合わずに間遠になっていきます。私たち五人は、時間が自由になる身ということもありますが、必ず、

「さて、次の予定はいつにしましょうか」

と日程を決めてから解散します。

人付き合いも自然が一番

毎日の暮らしと同じように、人付き合いも自然でいることが、居心地のよさをもたらします。付かず離れずでなんとなく続く方がいれば、いつの間にか疎遠になっていく方もいます。それでいいのではないでしょうか。

私は社交的ではなく、むしろ臆《おく》してしまうほうです。人前で役を演じることは好きですけれど、パーティや何かの席で挨拶するのは得意ではありません。これは子どものころからの性格で、大勢ではしゃぐよりは一人でいるほうが好きでした。

仕事が絡めば、お付き合いは欠かせません。けれども仕事を離れたり高齢になったりすれば、利害や打算が絡む煩《わずら》わしい人間関係から自分を解放して、自由になるべきです。

その点、麻雀仲間のママ友たちは私を女優とも思わず、ただのママ友として接してくださるから楽なのです。

終活はしないけれど

「終活」という言葉が近年、あちこちで聞かれるようになりましたが、私は好きではありません。八十代半ばで独り暮らしをしているのに、実はあまり考えたこともないんです。

二〇二一年に百二歳で亡くなった母は、九十歳になってから刺繡を始めて展覧会に出品するまでになったりと、最後までアクティブに活動していました。私はそんな母を間近で見ていましたから、どこかでまだまだ八十代という気持ちもあるのかもしれません。

思い立って家の中を整理して、物を処分することもありますが、それは自分の暮らしを身軽にするためです。古い物を捨てて居心地のいい空間を作っておけば、新しい物を取り入れる気持ちになれると思うからです。

と言っても、物は新しく増やさないように気を付けていますから、いわば心持ちの問題。そういう視点から物の整理をすれば、残す物と捨てる物の基準も変わって来るものです。

私の場合、仕事柄多いのが洋服です。映画やドラマの中で着る衣装は用意してもらえますが、パーティや映画祭で着る服はすべて自前でした。ですから五年以上も袖《そで》を通していないスーツや上衣《うわぎ》が、タンスの隅に追いやられています。

海外の映画祭へ行くときは着物で

着物も、訪問着や振り袖や結城紬《つむぎ》が何枚もしまい込まれています。三十代から四十代のころは、着物を着る機会が多くありました。

特に海外の映画祭へ出席するたびに訪問着を作っていたので、たくさん溜まっていきました。一、二枚選んで持って行くのですが、袋帯やら長襦袢やら草履《ぞうり》やら、荷物がたくさんあります。現地での着付けも一苦労で、たいてい自分でやらなければいけません。

公式行事の際には、現地の日本大使館に勤める職員の奥さま方が手伝ってくださいました。おそらくパーティ慣れしていらっしゃるのでしょう。手際のいい方が多くて助けられました。

そんなふうに大変な思いをしたことが報われて、嬉しかった思い出もあります。あれは、イタリアのミラノで開かれた映画祭に出たときです。行事のひとつとしてオペラ『リゴレット』の鑑賞が組まれていました。場所は、本場イタリアのオペラ界でも最高の劇場とされるスカラ座です。

正装しなければいけませんから、私たちはお振り袖で行きました。煌《きら》びやかなドレスの美しい淑女とタキシードを見事に着こなした紳士が続々と劇場へ入っていく様は、スクリーンで観ていたヨーロッパ映画の光景とまったく同じで素晴らしく、見惚れてしまいました。

私たちがいただいた席は、二階正面のボックス席です。ざわめきが収まって静かになると、一階の観客席から大きな拍手が湧き起こりました。なんとそれは、二階席の私たちに向けられていました。当時、日本の振り袖はまだ珍しく、ヨーロッパの人々の目にはどんなイブニングドレスよりも美しく見事に映ったのでしょう。

日本の伝統美を海外の地で改めて認識して、深く感動したことを懐かしく思い出します。時が移ろい、着物を着る機会はめっきり少なくなりました。着物は日本の文化の象徴ですし、もっと大切に伝承しなければいけないと思います。

捨ててしまうよりは再利用の方法を

さて、タンスにしまい込んだままの服をどうしましょう。その服を過去三年着ていなかったら、もったいないと思っても処分するというのが、私の法則です。

一年や二年ですと、その年の気候や外へ出かける頻度などで、袖を通さずに終わる服もあったりします。しかし三年着なければ、その服とのご縁はそこまで。かつては気に入っていたり、それなりのお値段だったりと思いは残るにしても、スパッと思い切ります。

どなたかに着ていただくのが一番ですから、友人が来てくださった際に持って行ってもらったりします。要らない物を押し付けると思われるのは申し訳ないですから、失礼のないように差し上げます。ある程度の量をまとめて、寄付することもあります。捨てるのは忍びないけれど、誰かの役に立つと思えば救われるものです。

そのまま吊るしっぱなしにしたり、黄ばんでしまって本当に着られなくなったりして、最後は捨てるほかにないとなったら、服にとっても可哀想です。いい人に出会って〝第二の人生〟を生きてもらったほうが、ずっと恩返しになるはずです。

猫の恩返し

先ごろまでNHKのBSで、大河ドラマ『篤姫《あつひめ》』を再放送していました。宮﨑あおいさんが主演した二〇〇八年のこのドラマには、息子の岳大が十五代将軍・徳川慶喜の役で出ています。

私は断然〝犬派〟なのですが、岳大は猫を大切にしています。それには、この『篤姫』出演にまつわるお話があるのです。

ものすごく暑い夏の日に浅草の雷門の前で、ホームレスのおじさんが一匹の猫を抱いていたそうです。その猫は、見るからにとても弱っていました。おじさんも困っていたので、岳大は、

「その猫を僕にください」

と言い、おじさんは喜んで渡してくれたそうです。

雷門にいたから、「サンダー」と名前をつけました。家に連れて帰って、きれいにしてエサをあげて、面倒を見ていたら、すぐにNHKから『篤姫』の出演依頼が届きました。岳大にとって初の大河ドラマでしたから、「サンダーが仕事を持って来てくれたのか」と感謝したといいます。

食べながら「美味しい、美味しい」と

岳大が拾ってきた猫は、もう一匹います。堺雅人さんが主演した『塚原卜伝《ぼくでん》』というドラマ（二〇一一年・NHK・BSプレミアム）のときです。撮影は、茨城県つくばみらい市にあるNHKのオープンセット「ワープステーション江戸」で行なわれました。ここは戦国、江戸、明治、昭和など各時代の建物が並ぶ、大きなオープンセットです。

その日も夏の盛りで、暑かったそうです。撮影が終わり、岳大がプレハブのような

建物から出てきたら、アシスタントプロデューサーの女性が子猫を抱いていました。

「その猫、どうしたんですか」

「その辺にいたから、拾ってきたんです」

ちょうどそのころ、岳大は長期のロケで家を空けることが多く、サンダーはストレスで食べ過ぎて、太り過ぎでした。岳大は「独りだから寂しいんだろうな」と困っていて、「できればもう一匹飼いたい」と思っていたところだったので、

「僕にその猫をください」

と頼んで、とりあえず泊まっていたホテルへ連れて帰りました。

その子猫もとても弱っていましたが、近くにキャットフードを売っているお店はありません。仕方なくコンビニでハムのようなものを買って来て、岳大が嚙んで細かくして、手から食べさせたそうです。

子猫はすごく喜んで、ガツガツ食べたそうです。岳大は私に、

「信じられないだろうけど、『美味しい、美味しい』と言いながら食べたんだ。本当

にそう聞こえたんだよ」

と話してくれました。猫好きの人に聞くと、食べながらしゃべる猫はいるらしいですね。「うみゃあ、うみゃあ」とか「美味しい」とか言っているように聞こえるのだとか。

岳大は『塚原卜伝』で山崎左門という役だったので、二匹目の猫の名前は「サモン」に決まりました。サンダーもサモンも、柄は茶トラです。二匹はすぐ仲良しになって、サンダーの寂しさストレスは解消されたそうです。サモンが家族に加わってから、岳大には海外からの仕事が入って来るようになりました。

岳大の一家は、二〇二〇年からハワイに住んでいます。海外での仕事に、さらに挑戦するためです。引っ越す際に二匹の猫も連れて行こうとしたのですが、ちょうどコロナ禍と重なってしまい、ペットの移住は難しくなりました。そこで、お嫁さんのご実家で預かってもらうことになったのです。

二〇二三年の初め、フィリピンとの合作映画の撮影が日本で行なわれたので、岳大は猫たちに会うのを楽しみにしていました。サンダーは帰国する直前まで元気だったのに、急に体調を崩して痩せてしまい、対面したときは骨と皮ばかりになっていたそうです。そして久々の再会を待っていたかのように、岳大の腕の中で息を引き取ったということでした。

情けは人の為ならず

私の娘の家では、保護犬を飼っています。

繁殖犬といって、お腹を休ませることなく子犬を産まされ続けたメスも、歳を取ると用済みになってしまいます。引き取り手が現れなければ可哀想な運命が待っている犬の一頭を、引き取ったのです。

「犬を飼おうかしら」

と言い出したとき、

「保護犬がいいんじゃない」

と勧めたのは私でした。選ぶ際も一緒に見に行きました。とても可愛がって、旅行にも連れて行っていました。けれども引き取る時点で八歳とか十歳になっていますから、一緒にいられる時間はあまり長くありません。一頭目は死んでしまって、今は二代目の保護犬を飼っています。

「情けは人の為ならず」と言いますが、犬や猫だって、優しくしてあげれば愛情が伝わるし、恩義を感じるのは間違いありません。瘦せこけた子猫を引き取って、食べさせて育てた岳大の優しさに、報いたくなったのでしょう。サンダーとサモンは息子・岳大にとって、招き猫であり出世猫だったのです。

コロナ禍が落ち着いたので、岳大はサモンをハワイの自宅へ連れて行こうとしたのですが、お嫁さんのお父さまにすっかり懐《なつ》いて離れようとしないので、諦めているということです。

戦争を知る世代として

戦争のことは、できれば思い出したくありません。しかし戦争を経験して、それを語れる人たちが、次第に減って来ました。本物の戦争を知る私たちの世代には、自分の体験を語る務めがあるのではないかと思います。

こんなことを考えるようになったのは、このところ戦争のニュースが増えているからです。テレビをつければ、ウクライナや中東の惨状が映し出されます。爆撃で家を壊された人々が、大きな荷物と赤ちゃんを抱いて途方に暮れています。手足から血を流して傷ついた子どもたちが、お腹を空かせているでしょうに言葉も発しないまま、母親に手を引かれて歩いて行きます。

あの赤ちゃんや子どもたちの将来はどうなるのかと考えると、たまらなく胸が痛みます。戦争は、大人たちが勝手な思いで始めるものです。あの子どもたちは、何のために戦争が行なわれているのか、なぜ自分がこれほど辛い目に遭うのか、わからないまま逃げ惑っているのです。

一番にしわ寄せが来るのは、一番弱い立場にいる子どもたちです。戦争は絶対に駄目なのです。

私の我慢強さは戦争のせい

私は我慢強いほうです。周りからどう見られていたかはわかりませんが、仕事の現場でも、我が儘を言うことはあまりなかったと思います。女優さんの中には、「こんな演技はできないわ」と駄々をこねたり、「楽屋の待遇がよくないのよ」などと文句を言う方も、いないわけではないからです。

自分がこういう性格になった理由は、ふたつあると思っています。長女として育ったことがひとつ。もうひとつの大きな理由は、戦争です。

昭和二十年になると、私が住んでいた東京の練馬でも、空襲が激しくなりました。空襲警報が鳴ると近所の方々が、大きな屋敷だった我が家の地下室へ避難してきました。十畳ほどの地下室を防空壕代わりにしたのですが、子どもだった私は、人が増えて賑やかになるのが嬉しくてなりませんでした。戦争の恐ろしさを、まだわかっていなかったのです。

あの年の四月、私は小学校へ上がる予定でした。ところが入学を目前にして、集団学童疎開に連れて行かれることになりました。母は弟の出産を控えて動けずにいたので、家族のうち一人でも安全なところへ避難させようというわけです。

私は家の敷地から出ることもなく育ったような子どもでしたから、もちろん人見知りで、大人しい性格でした。それが家族と離れて一人、まだ入学前なので会ったこともない上級生や同級生たちと、汽車に乗せられたのです。

あとで聞きましたら、上級生に手を引かれて歩いて行く私の背負ったリュックサックから、お人形さんの顔が飛び出ていたそうです。それがいじらしくて、見送る大人たちの涙を誘ったということでした。

着いた先は、群馬県の磯部にある山寺です。みんなで本堂で寝るのですが、ノミやダニの大群に襲われて、満足に眠れません。それよりも、食事がとても貧しいのに困りました。「あ、お赤飯が出た」と思って口に入れたら、コーリャンでした。主食はずっとそのコーリャンで、私は食べたことがなく、口にも合わず、すぐにお腹を壊してしまいました。

上級生たちは夜になると桑畑へ忍んで行って、こっそり桑の実を食べていました。そのくらい、誰もがひもじかったのです。

ところが、広いお堂にみんな一列に並んでご飯を食べるとき、ふと遠くを見ると先生たちの前には真っ白なご飯が置かれています。「ああ、うらやましいな」と思いました。

疎開先で栄養失調に

私は具合を悪くしたのに薬ももらえず、薄いお布団に寝かされるだけの過酷な生活を強《し》いられました。ある日の夜中、ポンポンと叩いて起こされると、寮母さんがジャガイモをふかしたのを四分の一だけ持ってきて、「食べなさい」と渡してくれました。私があまりに衰弱していたので見るに見かねて、特別にくださったのです。それでもジャガイモの四分の一が精一杯、という惨めな疎開生活だったわけです。

手紙は出せたので、母に宛てて書きました。けれども心配をかけたくありませんから、本当の様子は伝えられません。「大丈夫です。元気でいます」と書いて出すほかありませんでした。

私は覚えていないのですが、「何か送ってください」と書き添えたのかもしれません。母はお寺宛てに、食べる物をいろいろ送ってくれたようです。しかし私の手元には、届きませんでした。あとでわかったことですが、先生たちが勝手に食べてしまったのです。

母が東京で弟を出産したあと、父は福島県の桑折《こおり》町に家を借り、一家で移り住むことになりました。六月になって、疎開先の磯部のお寺まで父が迎えに来てくれました。先生から、

「良子ちゃん、お父さんだよ」

と声をかけられたとき、私は階段に座ったまま立ち上がれず、目も霞《かす》んで見えなくなっていました。酷《ひど》い栄養失調だったのです。

疎開を始めてから、三か月しか経っていませんでした。私の姿を見て、驚いて血相を変えた父の顔だけは、鮮明に覚えています。慌てておんぶしてくれた父も、これほど悲惨な状態だとは予想しなかったことでしょう。父の迎えがあと五日遅かったら、私はこの世からいなくなっていたに違いありません。

イナゴを捕まえては食べて

私たちは磯部から汽車に乗ってそのまま福島の桑折へ移り、一家での暮らしが始まりました。母方の親族がそこで工場を経営し、軍需品を製造していたのです。

母が着物を物々交換して食べ物を手に入れてくれたおかげで、磯部のお寺よりは多少豊かな食事ができるようになりました。主食は大根飯でしたけれど、コーリャンよりはずっとましです。家族が一緒で、安心したおかげもあったのでしょう。私の体調は回復していきました。

それに、練馬から磯部へ移ったときの環境の激変に比べれば、福島での生活はどうということもありません。私は山の小学校に入学して、村の子どもたちとすぐに仲良くなりました。

授業が終わると、子どもたちは一目散に田んぼへ飛び込みます。いったい何をするのかと見ていると、イナゴを捕まえるのです。捕まえたあとは、ズボンのポケットに忍ばせているマッチを取り出して、イナゴの脚を焼きます。チリチリと焼ける音がしたと思うと、そのまま食べてしまいます。なにしろ脚をあぶっただけですからほとんど生ですが、子ども心に焼いたと納得するのでしょうか。

初めは抵抗があったはずの私も、いつしかそんな生活に慣れていました。食糧難でしたから、自然に身体が欲していたのかもしれません。イナゴは昔から、ホウロクで炒《い》ったり佃煮にしたりして食べる習慣があります。当時は知りませんでしたが、高タンパク低脂肪で、ビタミンEやビタミンB2が豊富なのだそうです。味は覚えていませんけれど、私が福島へ行って元気になったのはイナゴのおかげかも、と考えたりします。

私自身は焼夷弾《しょういだん》から逃げ惑うような、差し迫った命の危険は経験しませんでした。しかし、周りにいた先輩方や同世代の友達、仕事仲間には大切な人を亡くした方がたくさんいます。戦争は、たくさんの人たちの運命を狂わせます。世界から戦争がなくなる日は、いつになったら来るのでしょうか。

ブナの森を歩いて生まれた物語

【ブナの森の物語】　作・佐久間良子
あの日、あの時、私はそこにたたずんでいた
鬱蒼とした　道なき森に　足をふみいれた
そこは、ブナの森
華奢な木、青年の木、
長い年月を重ねてきた　様々な木々の集まり…
風の音　時おり聞こえる　鳥のさえずり
樹木に耳をあてると　かすかに音が響いてくる
生みだされる　細い命のしずく

やがてそれが　小川になる
木漏れ日のすき間から　陽が射し込み
木の葉の小舟に乗った虫が
喜び　悲しみを乗せて　運ばれていく

美しいその小川は
谷を下り　澄んだ湖を生み出す
草花や木々だけではなく
全ての　生きとし生けるもの
生命の還る場所が　そこにあった

陽が西に傾き始め
一羽の鳥が　ブナの枝先に止まった

葉を揺らしながら
鳥を優しく包み込む
長い年月を生きた　このブナの木は
何を見つめ、何を聞き、何を感じてきたのか…

この森の中では　そんな想像をすることさえも
ささいなことである
あたりに静けさが漂い
ひんやりとした空気が　森を包みはじめたころ
寝ぐらに帰る　生き物たちのおしゃべり
見上げると　満天の星が　輝いていた

生命の環《わ》を生み続ける　この神聖な森で
今日も　静かな物語が　奏でられている

この詩は、白神《しらかみ》山地のブナの森に魅せられて、私が書いたものです。世界遺産に登録もされているあの場所を初めて旅したのは、十年ほど前になるでしょうか。

もともと私は、自然の中を歩くのが好きです。白神山地にはかねて憧れていましたが、秋田県と青森県にまたがる広大な地域で、行くのも大変な場所です。けれども初めて訪れて、あまりの雄大さに大感激しました。秋田に住んでいる知人が案内してくだすって、相当な距離を歩きましたけれど、本当に楽しくて飽きませんでした。

木々の温もりを詩に書いた

私が行ったのは六月で、まだ肌寒さを感じるものの、若葉から青葉へ移り変わっていく素晴らしい季節でした。広大な森から、ぐわーっとものすごい音が聞こえました。あれは木々が芽吹く音だったと思います。

白神山地は世界最大級のブナの原生林として知られていますが、ほかにも数々の樹木や草花が生えていました。高いのや低いの、太いのや細いの。さまざまな木々を眺めていると、人生を感じました。

木の肌に触れてみると、生きていることを実感します。温かいし、樹液が流れているさまが伝わってきます。耳を当てれば、音楽が聴こえてくるようです。一本一本の木に、それぞれ人間のように血が通っているのです。

とてもいい思い出になったので、また行ってみたいなと思うのですが、気軽に行ける場所ではありません。そこでコロナ禍で時間がたくさんあった時期、あの旅と新緑の美しさを思い出して書いてみたのが、右の「ブナの森の物語」という詩なのです。

私は、想像ではモノが書けません。実際にその場所へ行って、自分が感じたことしか表現できないのです。白神山地の広大な森の一本ずつの木は、まるで一粒の涙のようで、それが集まって小さなせせらぎになって、やがて大きな川へ流れ込んでいく。そんなイメージに人生を重ねてみました。

友人の西本智実さんが指揮するオーケストラと合唱に合わせてこの詩を朗読するコンサートを、これまで何度も開いています。西本さんとは、京都の東山にある古刹《こさつ》・泉湧寺《せんにゅうじ》で催された「泉湧寺音舞台」コンサートをご一緒してからのお付き合いです。

滝に魅せられて

森も好きですが、滝にも惹かれます。書を始めてから、墨を磨る水にこだわるようになり、山の湧き水や滝に興味を抱くようになったのです。ですから、あちこちの湧き水や滝を訪れてはペットボトルに汲んで帰り、書に使ってきました。

日本は山と水が豊富ですから、滝が多いのでしょう。詳しく知りませんが、これほど狭い土地に数多くの滝がある国は、ほかにないのではと思います。滝を眺めていると、大きなパワーを感じ、不思議な気持ちになります。あれだけの水が絶え間なく、いったいどこから流れて来るのかしら、と。

それに、日本の滝の美しさは独特です。海外の滝で思い浮かぶのは、北米のナイアガラの滝や南米のイグアスの滝、アフリカのヴィクトリアの滝。どれも幅が広くて豪快です。ナイアガラの滝は、娘がニューヨークで仕事をしていたころ、カナダのトロントからバスに乗って一緒に行ったことがあります。その大きさは恐ろしいほどのスケールで、水しぶきを浴びただけで足がすくんでしまい、滝つぼの下まで行く遊覧船には乗りませんでした。

日本にも華厳《けごん》の滝や那智《なち》の滝など、落差のある豪快な滝があります。けれども私が情緒を感じるのは、山の奥にひっそり隠れている滝です。ちょろちょろっと流れている小さな滝が、とても好きなのです。

新緑の季節の山は美しいし、夏は水がある場所ほど涼しい。秋も景色はきれいですが、滝を訪れると、しぶきが当たるだけで冷たく感じてしまいます。

素敵な滝が特にたくさんあるのが、南九州です。宮崎県の高千穂峡《たかちほ》は大好きで、何度か訪れました。中でも、峡谷に流れ落ちる真名井《まない》の滝は素晴らしく、日本の滝百選に選定されているのも納得です。遊歩道も整備されていますが、レンタルした手漕ぎボートで断崖に挟まれた峡谷を進み、落差十七メートルの滝を真下から仰ぎ見られるようになっています。

最初は五、六年前だったでしょうか、高千穂神社をお参りがてら行ったのです。高千穂は神話の土地で、この真名井の滝も出てきます。天孫降臨の際、この地に水がなかったので、天村雲命《あめのむらくものみこと》が水種を移した「天真名井《あまのまない》」から湧き出る水を水源とする滝だといわれているのです。天真名井というのは、近くの槵觸《くしふる》神社の境内にあって、欅《けやき》の老木の根元から湧き出ている水のことです。

北秋田市にある安《やす》の滝も、大好きです。この滝の名は、ヤスという村娘が身を投げた悲恋の伝説から採られたそうで、この滝を見に行けば恋が叶うといわれています。

どこにいい滝があるかという情報は、滝のガイドブックのような本を眺めて、美しいと感じた場所をピックアップしておきます。知り合いから、滝の写真を撮っている方の写真集をいただいたこともありました。そういう本には行き方も書いてありますから、とても参考になります。

山歩きに過信は禁物

山奥の神社へ行くと　御神水をいただけることがあるのも楽しみです。書でも水にこだわりますから、飲み水も、なるべくいいお水を選ぶようにしているのです。

先日、アメリカから帰って来た息子の岳大が奈良の山奥にある大峯山寺《おおみねさんじ》へお参りして、御神水を送ってくれました。大峯山寺は吉野郡天川村《てんかわ》にあるお寺で、修験道《しゅげんどう》の修行体験ができます。今も女人禁制の地域が残っている大峯山の洞川湧水群《どろがわゆうすいぐん》から汲んだミネラルウォーターが、名水百選にも選ばれているのです。

行ってみたい滝が各地にもっともっとありますが、素敵な滝ほど山奥です。素晴らしい景色は、それなりに苦労して辿り着く先にあるから、感激もひとしおなのでしょう。ですから時間が取れないと行かれませんし、それなりの距離を歩きますから、一緒に行く人の脚が丈夫でなければダメです。私自身は、あまりハードでなければ、山道を歩いてもまだ平気なつもり。でもこの先、過信は禁物だと思っています。

それに最近は、クマやイノシシが出ますでしょう。私が深い森の中へよく出かけていたころは、まだのどかでした。ところが昨今、山菜採りやタケノコ狩りに山の麓へ入っただけで遭遇したというニュースを、見聞きするようになりました。滝があるのはもっと山奥ですから、気をつけなければいけません。臆せず、しかし過信はしない、という姿勢が大事なのかもしれませんね。

日々良日——あとがきに代えて

私が大切にしている言葉。

「有志在形《ゆうしざいけい》」志が有れば、形は在る。つまり、心があれば、それは形になって表れるという意味です。逆に、自分に心がなければ何も表現できず、人の心を動かすことはできません。

これは、私の代表作『五番町夕霧楼』を撮ってくだすった人生の恩師・田坂具隆監督が、演じる者の心構えとして私におっしゃった言葉です。女優として、どんな作品に臨む際もこの教えを肝に銘じて、演じてきました。

「足るを知る」これは、中国の古典『老子』に何度も出てくる言葉です。日常生活で欲を出さず、自分の分をわきまえ、無事に一日を終えることに感謝する気持ちが大切。私はそんなふうに捉えています。

足りないものにばかり目を向けると、人には不満が生じます。誰もがもっとおおらかな気持ちをもてれば、いさかいや揉め事も減って穏やかに過ごせるのでは、と思います。

この本の題名『ふりかえれば日々良日《ひびりょうじつ》』は、禅の言葉『日日是好日』から拝借しました。「にちにちこれこうにち」と読むのが正しいそうです。中国の『碧巌録《へきがんろく》』という古い書物に出てくる言葉で、「毎日毎日が好い日」という意味です。私なりに、好いこともそうではないことも「好ましい」と明るく前向きに捉える心境のことだと解釈しています。

この「好」を私の名前の「良」に換えて、「日々良日」としました。

こうして人生を振り返ってみると、さまざまな紆余曲折、艱難辛苦《かんなんしんく》がありました。辛さや悲しみも今思えば私の財産です。それに勝る喜びや、素晴らしい方々との出逢いもありました。年齢を重ねるほど、何事にも意味があったことがわかります。私を成長させてくださったすべての出来事に、感謝しかありません。
この本を手に取ってくださり、ありがとうございます。
皆さまにとって、毎日毎日が良い日でありますように。

二〇二四年十二月良日

佐久間良子

日々是好日
良子

本書はすべて書き下ろしです。

編集協力／石井謙一郎

カバー写真撮影／田中麻以（小学館）
ヘアメイク／中田マリ子　坂間亜由美（ヘアーベル）
スタイリスト／おおさわ千春

＊本書は、アクセシビリティに配慮した本です。
視覚障害・肢体不自由などの理由で必要とされる方に、
本書のテキストデータを提供いたします。
下の二次元コードよりお申し込みのうえ、
テキストをダウンロードしてください。